W0398148

Waldemar Erdmann
Philipp Silbernagel

Berufswahl und Studienwahl

Finde einen Traumberuf, der glücklich macht

Enthält Berufstest und Studienwahltest für Jugendliche, Schüler und Erwachsene

plakos

Herausgeber:
Plakos GmbH
Vertretungsberechtigter Geschäftsführer: Waldemar Erdmann
Sitz: Willy-Brandt-Allee 31 B, D-23554 Lübeck
Redaktion: Sonja Waldschuk

Website und Kontakt:
www.plakos-akademie.de
E-Mail: support@plakos.de

Facebook: plakosDE
YouTube: Plakos
Instagram: plakos_akademie
Twitter: plakosDE

Bildnachweise:
Cover: © StockPhotoPro, # 225296022, stock.adobe.com
Seite 10: Pixabay, Redwood Nationalpark
Seite 59: Pixabay, Polynesien
Seite 75: Pixabay, Fotograf: Jarmoluk
Seite 81: Pixabay, Hintergrund Eisberg: (überarbeitet)

Sonstige Abbildungen im Buch wurden, wenn nicht anders angegeben, von Plakos erstellt.

ISBN: **978-3-948144-24-1**

Welcher Beruf passt zu mir?

Die Plakos GmbH hat bereits tausende Bewerber mit Büchern, Online-Kursen, Apps und Seminaren auf die Berufswahl, Einstellungstests und Assessment Center vorbereitet. Die angesehenen Online-Tests von Plakos wurden millionenfach absolviert. Dieses Buch dient als Vorbereitung und Orientierung für die Berufs- und Studienwahl.

plakos

Dein Feedback ist uns wichtig!

Sollten dir Fehler in diesem Buch auffallen oder solltest du unzufrieden mit den Inhalten oder einem unserer Produkte sein, so schreibe uns gerne eine E-Mail an support@plakos.de. Wir antworten schnellstmöglich! Antworten auf häufig gestellte Fragen findest du auch auf der Webseite plakos-akademie/kundenservice/.

Hinweis: Aus Gründen der Lesefreundlichkeit wird weitgehend auf Gendering verzichtet. Die gewählte Personenform gilt wertfrei für beide Geschlechter.

2. überarbeitete Auflage
Waldemar Erdmann
Philipp Silbernagel

Danksagung

Unser Dank gilt vor allem den Schülern und Jugendlichen, die mit ihren zahlreichen Kommentaren und Verbesserungsvorschlägen dieses Buch erst möglich gemacht haben. Vielen Dank für eure Nachrichten auf Plakos.de, YouTube und anderen Kanälen!

Außerdem bedanken wir uns bei allen internen und externen Mitarbeitern, die einen wesentlichen Anteil an dem Buch hatten, dazu gehörten insbesondere Sonja Waldschuk, Florian Bock, Jana Buchtojarow und Susanne Schwindt.

Inhaltsverzeichnis

Über die Autoren

Waldemar Erdmann ist Geschäftsführer der Plakos GmbH, welche bereits seit über einem Jahrzehnt erfolgreich Webseiten für Karriereberatung und Online-Tests betreibt. Er machte seinen Abschluss an der Fachhochschule Würzburg zum Thema Skills Management Software. Er hat zahlreiche Bücher und Artikel zu den Themen Eignungstests und Auswahlverfahren verfasst. Darüber hinaus entwickelt Waldemar eigenständig Apps und Online-Tests, welche Bewerber auf verschiedenste Auswahlverfahren vorbereiten. Heute lebt er mit seiner Familie in der schönen Hansestadt Lübeck.

Philipp Silbernagel war bis März 2020 ebenfalls Geschäftsführer der Plakos GmbH und bereitete mit seinen Online-Kursen tausende Bewerber auf Einstellungstests vor. Er hat Elektro- und Informationstechnik an der TU München studiert und war unter anderem für einen der größten Energie- und Automatisierungskonzerne der Welt im Bereich Softwareentwicklung tätig. Bereits während des Studiums hat Philipp sein erstes eigenes Unternehmen gegründet und mehrere Mitarbeiter beschäftigt. Für die Gründung wurde er mit dem IFE Gründerpreis ausgezeichnet.

Vorwort

Jeder von uns muss in seinem Leben mindestens einmal, meist sogar mehrmals, sich beruflich neu- oder umorientieren. Direkt nach dem Schulabschluss scheinen die Möglichkeiten einem fast unbegrenzt zu sein. Die Berufsberatung der Arbeitsagentur kann zwar der erste Anhaltspunkt sein. Doch seien wir mal ehrlich: Die Gretchenfrage nach der Berufswahl ist in einem kurzen Gespräch mit einer fremden Person von der Arbeitsagentur nicht zu klären. In unseren Köpfen schwirren verschiedenste Fragen rund um die Berufswahl, wie:

- Welcher Beruf passt zu mir?
- Ist eine Ausbildung das richtige für mich, und wenn ja, welche?
- Soll ich weiter zur Schule gehen und einen höheren Abschluss anstreben?
- Soll ich nach der Hochschulreife studieren und wenn ja, ist ein duales Studium das Richtige für mich?
- Soll ich an einer Fachhochschule, Fernhochschule oder Uni studieren? und
- Wie lange muss ich noch lernen, um endlich arbeiten zu können?

Den richtigen Beruf finden, beziehungsweise den richtigen Weg einzuschlagen, heißt zunächst einmal sich selbst zu kennen. Sich über die eigenen persönlichen Fähigkeiten im Klaren zu sein, ist die Voraussetzung, um sich weiter mit den eigenen Zielen und den Möglichkeiten beschäftigen zu können. Wer sich für Psychologie interessiert und sich detailliert mit Karriere-Ratgebern auseinandergesetzt hat, hat vielleicht schon mal den folgenden Satz gehört: „Erfolgreiche Menschen tun immer genau das, was sie am besten können."

Wenn also ein erfolgreicher Manager vor einer Aufgabe steht, die andere besser bewältigen können als er selbst, dann gibt er die Aufgabe an jemand anderen ab. Ist diese Aufgabe ein wesentlicher Bestandteil seiner Stellenbeschreibung, dann definiert er die Stelle neu oder er wechselt sie. So hat er den Freiraum und die Energie, sich nur auf seine Stärken zu konzentrieren. Seine Schwächen fallen dabei nicht mehr sonderlich ins Gewicht. Die Schlussfolgerung daraus ist: Das Wichtigste am Anfang einer Karriere ist, herauszufinden, was man selbst besser kann als alle anderen. Erfolgreiche Menschen ergründen die eigenen Stärken und versuchen, diese im Berufsalltag immer wieder einzubringen.

Das Problem bei der herkömmlichen Berufsberatung, wie auch bei vielen Berufsinteressentests, ist der Glaube, wir alle wissen bereits, welche besonderen Fähigkeiten wir haben. Doch das tun leider nur die wenigsten.

Kein Wunder also, dass der Karriereweg der meisten von uns nicht geradlinig verläuft. Mit diesem Buch möchten wir versuchen, euch einige leidvolle Erfahrungen im Berufsleben zu ersparen. Es ist kein typisches Berufswahlbuch mit vielen Berufsbildern. Vielmehr dient dieses Buch der Selbsterkennung. Es lässt uns Zeit, sich mit der eigenen Persönlichkeit zu beschäftigen, um unsere Stärken, Ziele und unser Potenzial besser zu erkennen.

Die Hauptaufgabe dieses Buches sehen wir nicht darin, anhand eines Fragenkatalogs passende Berufsvorschläge zu liefern. Sondern darin, zunächst einmal die eigenen Stärken, Ziele und Wünsche zu ergründen. Die zahlreichen Hilfsmittel, die in diesem Buch detailliert beschrieben werden, helfen dir dabei, die Schritte auf dem Weg zum passenden Beruf zu gehen.

Vier Phasen der Berufswahl

Auf dem Weg durch den Berufsdschungel durchlaufen wir alle die gleichen vier Phasen.

Dieser Prozess ist vergleichbar mit einem geografischen Ort, den wir erreichen wollen:

- **Schritt 1: Orientierung**. Bevor wir einen Ort erreichen, müssen wir wissen, wo wir uns gerade befinden
- **Schritt 2: Planung**. Haben wir unseren Standort bestimmt, müssen wir unseren Zielort definieren.
- **Schritt 3: Entscheidung**. Ist unser Start- und Zielort klar, wählen wir unsere Route, unseren Weg dorthin.
- **Schritt 4: Realisierung**. Haben wir uns für einen Weg entschieden, so müssen wir noch die nötigen Schritte gehen.

Ist dir bereits klar, in welcher der vier Phasen du dich selbst gerade befindest? Nein? Dann fange doch mit dem ersten Kapitel, der Orientierungsphase, an und arbeite dich Schritt für Schritt durch die einzelnen Kapitel durch.

Wir wünschen dir viel Erfolg bei deiner Berufswahl, ganz egal, in welche Richtung es für dich geht.

Waldemar Erdmann und Philipp Silbernagel von Plakos

1. Orientierung: Wo stehe ich gerade?

Im ersten Schritt ist es wichtig, sich über die eigenen Interessen, Fähigkeiten und Neigungen im Klaren zu sein, aber auch zu wissen, was in den einzelnen Berufen beziehungsweise Berufsgruppen gefordert wird.

Es gibt mehrere Wege, sich den eigenen Interessen, Fähigkeiten und Stärken zu nähern.

Hilfsmittel 1: Hole Feedback von anderen ein

Eine Möglichkeit ist beispielsweise der Austausch mit Freunden, Eltern, Lehrern und anderen Menschen aus deinem Umfeld. Du kannst mit den Menschen einfach sprechen, vielleicht ist es dir und ihnen auch lieber, wenn du deine Fragen vorab schriftlich formulierst. An diesem Fragebogen kannst du dich orientieren:

- Was sind aus deiner Sicht meine fünf größten Stärken?
- Was zeichnet mich besonders aus?
- Welche meiner Stärken ist mir wahrscheinlich nicht bewusst? (blinder Fleck)
- Bei der Lösung welcher deiner Probleme würdest du sofort an mich denken?
- Was sollte ich aus deiner Sicht auf jeden Fall mal ausprobieren?
- Wovon sollte ich in jedem Fall die Finger lassen?
- Was kann ich noch nicht, was ich in jedem Fall noch lernen sollte?
- Wovon sollte ich in nächster Zeit noch mehr zeigen?

Hilfsmittel 2: Beschäftige dich mit deiner Persönlichkeit

Um die eigenen Stärken und Schwächen zu ergründen, bedienen sich viele Menschen heute sogenannter Persönlichkeitsmodelle. Seit 2005 beschäftigen wir uns mit verschiedenen dieser Modelle, um den Menschen passende Berufsvorschläge zu liefern. Die österreichischen Professoren G. Fink und W. Mayrhofer zählen vier wichtige Modelle zur Beschreibung der Persönlichkeit auf, darunter den MBTI (Meyers-Briggs-Typindikator), die Mindscape Theory, Big Five und Sozionik. In Bezug auf berufliche Interessen wird häufig das RIASEC Modell verwendet.

Um mehr über deine Persönlichkeitsmerkmale zu erfahren, solltest du dich mit verschiedenen Tests befassen. Es gibt eine ganze Reihe an Persönlichkeitstests, hier stellen wir nur einige kostenfreie Modelle davon vor, die sich insbesondere zur Beschreibung deiner berufsrelevanten Merkmale gut eignen. Daneben gibt es spezielle Tests, die sich mit deiner Motivation, deinen Interessen, oder deinen Hobbys befassen. Auch das kann dir bei deiner Orientierung helfen.

MBTI Myers Briggs Typenindikator

Bei vielen Unternehmen und im englischsprachigen Ausland ist der MBTI ziemlich populär, der bereits in den 1960er Jahren entwickelt wurde. Bei diesem Modell werden vier Persönlichkeitsmerkmale untersucht, für die Auswertung eine von 16 Klassen gebildet. Wissenschaftlich gesehen ist der MBTI heute eher veraltet. Die vier Persönlichkeitsmerkmale nach MBTI sind

- Extraversion / Introversion (E/I)
- Intuition / Sensorik (N,S)
- Denken / Fühlen (T/F)
- Wahrnehmung / Beurteilung (J/P)

Die 16 Klassen ergeben sich aus einer Kombination der vier Buchstaben (mathematisch 2 hoch 4 = 16). Andere Persönlichkeitstests bauen auf den MBTI auf, wie der Keirsey Temperament Sorter und

16 Personalities. Zahlreiche Tests benutzen genau die gleichen Kürzel und Temperament Typen.

Da die Originalausgabe des MBTI kostenpflichtig ist, haben wir für dich einen Fragebogen zusammengestellt, welchen du mit Stift und Papier in Ruhe durchgehen kannst. Im Anhang haben wir dir 16 Beschreibungen mit Persönlichkeitstypen abgedruckt. Unter einigen davon solltest du dich nach dem Durchgehen des Fragebogens wiederfinden. Schaue dir ähnliche Auswertungen im Netz an. Suche einfach nach der zu deiner Auswertung passenden vierstelligen Buchstabenkombination.

Persönlichkeitsfragebogen

Hinweis zur Bearbeitung: Jede Frage hat genau zwei Antwortmöglichkeiten. Entscheide dich für eine Antwort und umkreise den Buchstaben mit der naheliegendsten Antwort. Falls keine der Antworten zu dir passt, lasse die Frage einfach weg. Nach der Bearbeitung des Fragebogens folgen Hinweise zur Auswertung.

1.	Ich denke daran, was heute ...
(**S**)	auf mich zukommt.
(**N**)	für mich möglich ist.
Hinweis	*Du denkst eher daran, was dir heute bevorsteht (S). Oder denkst du heute mehr daran, was sich noch entwickeln könnte (N).*

2.	Sobald das Telefon klingelt, ...
(**E**)	eile ich zum Hörer.
(**I**)	hoffe ich, dass andere ran gehen.
Hinweis	*Du empfindest das Klingeln des Telefons oft als eine Störquelle, da du aus deinen Gedanken gebracht wirst (I). Oder du freust dich über jeden Anruf (E).*

3.	Wenn für alle Aufgaben im Haushalt jemand verantwortlich gemacht wird, dann...
(**J**)	ist das eine gute Sache.
(**P**)	ist das unter Umständen nicht effektiv.
Hinweis	*Wenn zuhause Geschirr anfällt, dann sollte derjenige spülen, der die Notwendigkeit dafür sieht oder der*

	schon lange nicht mehr gespült hat (P). Oder es ist für Geschirr einem die Verantwortung zu übertragen (J).

4.	Es ist besser, wenn die Veranstaltung ...
(**J**)	gut organisiert ist.
(**P**)	zwanglos abläuft.
Hinweis	*Du planst deine Unternehmungen mit Freunden im Voraus (J). Oder du lässt das Wochenende eher zwanglos auf dich zukommen (P).*

5.	Meinen Mitmenschen gegenüber bin ich eher ...
(**T**)	fair.
(**F**)	mitfühlend.
Hinweis	*Bei einem Streit zwischen deinen Freunden versuchst du, eher herauszufinden, wer Recht hat (T). Oder du versuchst, eher zu schlichten (F).*

6.	Wenn ich jemanden aufmuntern möchte, versuche ich es durch ...
(**T**)	überzeugende Argumente.
(**F**)	Mitgefühl.

7.	Ich bin eher ...
(**S**)	praktisch und realistisch.
(**N**)	einfallsreich und kreativ.

Hinweis	*Du siehst die Dinge, wie sie sind und lernst aus der Vergangenheit (S). Oder du denkst oft daran, wie es sein könnte und interessierst dich vor allem für die Möglichkeiten der Zukunft (N).*

8.	Wenn ich unter Fremden bin, ...
(**E**)	bringe ich die Unterhaltung schnell in Gang.
(**I**)	weiß ich oft nicht, was ich sagen soll.
Hinweis	*Es fällt dir leicht, mit einem Fremden ins Gespräch zu kommen (E). Oder eine Unterhaltung mit Fremden fällt dir eher schwer (I).*

9.	Ich verlasse mich meist auf meine ...
(**S**)	Erfahrung.
(**N**)	Intuition.
Hinweis	*Du brauchst neue Schuhe. Du gehst eher in dein Stammgeschäft und kaufst dir gezielt eine bestimmte Marke (S). Oder du lässt dich von deinen Eingebungen bzw. durch das Beratungsgespräch inspirieren (N).*

10.	Sobald ich eine schwierige Entscheidung getroffen habe, ...
(**J**)	fühle ich mich wohler.
(**P**)	ist das gute Gefühl meist dahin.
Hinweis	*Denke bei dieser Frage zum Beispiel an einen Autokauf oder den Kauf von Kleidung. Wann bist du glücklicher? Nachdem du dir das Auto gekauft hast (J), oder davor (P)?*

11.	In Krisensituationen versuche ich ...
(T)	einen kühlen Kopf zu bewahren.
(F)	aufopfernd zu sein.
Hinweis	*Bei einer Sache versuchst du immer, objektiv zu sein (T). Du kannst dich für eine Sache sehr stark einsetzen (F).*

12.	Wenn etwas rechtlich eine Grauzone ist, ist es fast ...
(J)	illegal.
(P)	legal.
Hinweis	*Hast du dir schon mal Filme, in schlechter Qualität, online angeschaut, die gerade im Kino laufen? War das für dich eher illegal (J) oder legal (P)?*

13.	Bei einem Streit versuche ich ...
(S)	schnell zu schlichten.
(N)	beide Seiten zu verstehen.
Hinweis	*Bei einem Streit bist du als Dritter eher daran interessiert, so schnell wie möglich dazwischen zu gehen (S) oder die Standpunkte beider zu verstehen (N).*

14.	Freunde würden sagen, dass ich ...
(T)	ernst bin.
(F)	mitfühlend bin.

Hinweis	*Du bist unter Freunden eher als Denker verschrien, der die richtigen Entscheidungen treffen kann (T). Oder deine Freunde kennen dich als jemanden, der zuhört, mitfühlt und der sehr gesellig ist (F).*

15.	In meinem Leben spielen eher ...
(**S**)	Tatsachen eine große Rolle.
(**N**)	Prinzipien eine große Rolle.
Hinweis	*Dein Freund raucht an einem Bahnhof. Du interessierst dich mehr dafür, ob es an diesem Platz erlaubt ist (S), als dafür, ob es andere stören könnte (N).*

16.	Ich kenne eher ...
(**E**)	viele Menschen.
(**I**)	wenige Menschen, diese dafür aber ziemlich gut.
Hinweis	*Entweder du hältst den Kontakt mit möglichst vielen Menschen, kennst den Einzelnen dafür aber nicht so gut (E). Oder du konzentrierst dich auf einige wenige in deiner Umgebung, die du wirklich gut kennst (I).*

17.	Bei meiner Tagesplanung ...
(**J**)	überlasse ich nichts dem Zufall.
(**P**)	lasse ich mich überraschen.
Hinweis	*Du machst eine Tagesplanung mit den Sachen, die du erledigen willst (J). Oder du lässt eher den Tag auf dich zukommen (P).*

18.	Ich bevorzuge eine Arbeit ...
(J)	nach Arbeitsanweisungen.
(P)	ohne feste Vorgehensweisen.
Hinweis	*Am liebsten tust du die Arbeit, die auch in deinem Vertrag niedergeschrieben ist. Andere Tätigkeiten, die nichts damit zu tun haben, lehnst du eher ab (J). Oder du bist eher jemand, der sich für seinen Vertrag eher weniger interessiert und sein Aufgabengebiet am liebsten selbst definiert (P).*

19.	Bei wichtigen Entscheidungen lasse ich mich von meinem ...
(T)	Verstand leiten.
(F)	Herzen leiten.
Hinweis	*Wenn du zum Beispiel einen neuen Menschen kennen lernst, versuchst du zuerst herauszufinden, was dieser so macht und wie dieser tickt (T). Oder du versuchst zuerst, eine Beziehung zu diesem Menschen aufzubauen (F).*

20.	Bei einer Diskussion ist mir wichtig, dass jeder ...
(T)	seinen Standpunkt klar ausdrückt.
(F)	sich vom anderen verstanden fühlt.
Hinweis	*Die Diskussion selbst ist für dich wichtig, nicht die Gefühle der Teilnehmer (T). Oder die Teilnehmer einer Diskussion sind wichtiger als das Thema selbst (F).*

21.	Bei Vorträgen und im Unterricht versuche ich, den Inhalt auf ...

(S)	das für mich Notwendige zu filtern.
(N)	den Neuigkeitswert zu analysieren.
Hinweis	*Bei Dingen, die du dir einprägen musst, steht für dich die Prüfung, Schulaufgabe etc. im Vordergrund (S). Oder du konzentrierst dich auf die Informationen, welche dich die Welt besser verstehen lassen (N).*

22.	Ich mag Dinge, die ...
(S)	handlich und brauchbar sind.
(N)	kreativ und modern sind.
Hinweis	*Was macht dir mehr Spaß: Arbeit mit Werkzeugen oder Instrumenten, die du beherrschst (S). Oder das Erstellen von Plänen, Konzepten und Modellen (N).*

23.	Ich habe ...
(I)	zwei oder weniger echte Freunde.
(E)	mehr als zwei echte Freunde.
Hinweis	*Man könnte dich als einen sehr geselligen Menschen mit vielen Freunden und Bekannten beschreiben (E)? Oder bist du bei Freundschaften eher zurückhaltend und pflegst den Kontakt zu einigen wenigen Freunden (I)?*

24.	Verträge ...
(J)	zeigen uns die Pflichten und Grenzen auf.
(P)	decken nie alle Fälle ab.

Hinweis	*Du magst es, wenn die Dinge erledigt sind (J). Oder es ist dir lieber, wenn du die Dinge noch besser machen kannst (P).*

25.	In Diskussionen versuche ich ...
(T)	meinen Standpunkt zu vertreten.
(F)	alle Positionen zu verstehen.
Hinweis	*Bei Diskussionen mit anderen bleibst du standfest (T), auch wenn du siehst, dass dein Einlenken dem anderen viel bedeuten würde. Du verlässt dich strikt auf die Argumentation. Oder du gibst nach, sobald du merkst, wie wichtig es für den anderen ist (F).*

26.	Es ist wichtiger, ...
(J)	gut organisiert zu sein.
(P)	sich anpassen zu können.
Hinweis	*Planung ist für dich wichtig, um den Tag nicht sinnlos verstreichen zu lassen (J). Oder lässt du den Tag einfach auf dich zukommen, nach dem Motto: Mal schauen, was passiert (P).*

27.	Beim Autokauf sind mir vor allem die ...
(T)	Technik und die Leistung wichtig.
(F)	Farbe und das Design wichtig.
Hinweis	*Beim Autokauf entscheidest du dich schließlich aufgrund von technischen Daten (T). Oder du entscheidest dich auf Grundlage von deinem Gefühl. (F)*

28.	Kinder sollten in der Schule mehr ...
(S)	praktischen Unterricht bekommen.
(N)	kreativen Unterricht bekommen.
Hinweis	*Entweder du bist der Meinung, dass Kinder mehr über die nützlichen Dinge lernen sollten (S). Oder du denkst, dass Kinder mehr sich selbst überlassen werden sollten, damit sie sich eher entfalten können (N).*

29.	In Abstimmungen ...
(S)	schließe ich mich der Mehrheitsmeinung oft an.
(N)	schwimme ich oft gegen den Strom.
Hinweis	*Die allgemein akzeptierte Mehrheitsmeinung stellst du selten in Frage (S). Oder du zweifelst die allgemeine Meinung oft an und gehst nach deinem eigenen Kopf (N)?*

30.	An einem Abend unter Freunden ...
(E)	liefere ich meist die Gesprächsthemen.
(I)	warte ich bis sich ein Thema findet.
Hinweis	*Was denkst du, was du am Abend mit Freunden mehr tust? Reden (E) oder Zuhören (I)?*

31.	Eine schwierige Entscheidung bereitet mir oft viel ...
(J)	Kummer und Leid.
(P)	Freude und Anregung.

Hinweis	*Fast täglich müssen wir etwas Neues kaufen, zum Beispiel Lebensmittel, Klamotten, Sprit usw. Ist es für dich eher lästig und du möchtest die Sache schnell hinter dich bringen (J). Oder genießt du eher jeden Einkauf (P)?*

32.	Freunde, die ich zur eigenen Feier einlade, werde ich ...
(J)	um eine rechtzeitige Bestätigung bitten.
(P)	frei wählen lassen, ob sie kommen möchten oder nicht.
Hinweis	*Stell dir vor, du willst für den Abend Lebensmittel einkaufen: Es ist besser, eine Einkaufsliste vorher zu schreiben (J)? Oder sollte man sich erst im Supermarkt darüber Gedanken machen, was man benötigt (P)?*

33.	Ich versuche meist, ...
(T)	gerecht zu sein.
(F)	verständnisvoll zu sein.
Hinweis	*Ist es schlimmer, jemand für eine Tat zu bestrafen, die er nicht begangen hat (T)? Oder ist es schlimmer, eine ehrliche Entschuldigung nicht anzunehmen (F)?*

34.	In Gesprächen über Beziehungsprobleme versuche ich ...
(T)	die Situation zu analysieren.
(F)	mein Mitgefühl zu zeigen.

Hinweis	*Du bist auf einer Party, triffst einen alten Bekannten und wirst in ein Gespräch über seine Beziehungsprobleme verwickelt. Du würdest eher seine Situation sachlich analysieren und versuchen, ihm zu helfen, also besonnen reagieren (T). Oder du würdest versuchen, ihm Mitgefühl entgegen zu bringen und ihm warmherzig zuhören (F).*

35.	Ich selbst bin ein Mensch mit ...
(**S**)	Realitätssinn.
(**N**)	Visionen.
Hinweis	*Für dich sind Erinnerungen und der heutige Tag wichtiger als zukünftige Möglichkeiten, also wirken Visionäre eher beunruhigend auf dich (S). Oder ist es nicht der Fall und du interessierst dich eher für die Zukunft (N).*

36.	Statistisch bewiesene Fakten ...
(**S**)	zeigen uns die Realität auf.
(**N**)	sehe ich skeptisch.
Hinweis	*Oft werden Statistiken veröffentlicht, welche die Meinung der Bevölkerung repräsentieren sollen. Du schenkst den Statistiken eher Glauben (S) oder du zweifelst diese eher an (N).*

37.	Wenn ich telefonieren möchte, ...
(**E**)	greife ich schnell zum Hörer.
(**I**)	überlege ich mir vorher genau, was ich sagen will.

Hinweis	*Deine Telefonate dauern oft Stunden und du könntest pausenlos weiter telefonieren, wenn dir die Zeit nicht davonrennen würde (E). Oder du überlegst dir vorher genau, was du am Telefon sagen möchtest, dann sagst du es auch. Oft redet der Gesprächspartner viel mehr als du (I).*

38.	Ich gehe oft ...
(**J**)	pflichtbewusst an die Sache ran.
(**P**)	locker an die Sache ran.
Hinweis	*Gehst du deine Aufgaben auf der Arbeit sehr ernst an (J)? Oder bist du eher unbekümmert und hast immer einen heiteren Spruch auf der Lippe (P)?*

39.	Vor einem Einkauf ...
(**J**)	mache ich mir eine Einkaufsliste.
(**P**)	schaue ich vielleicht kurz in den Kühlschrank.
Hinweis	*Du gehst einkaufen. Du freust dich mehr, wenn du alles besorgen konntest und wieder nach Hause fahren kannst (J). Oder du bist von dem Einkauf selbst mehr erfreut als dem Gefühl danach (P).*

40.	Meine Urteile logisch zu begründen fällt mir ...
(**T**)	leicht.
(**F**)	schwer.
Hinweis	*Wenn du Entscheidungen triffst und nach den Gründen für deine Entscheidung gefragt wirst, passiert es dir häufig, dass du den wahren Grund für deine Entscheidung nicht erklären kannst, also triffst du häufig*

	Werturteile (F). Wenn du solche Situationen nicht oft erlebst, triffst du häufiger Urteile auf logischer Basis (T).

41.	Mein Fokus liegt auf den ...
(**T**)	Dingen.
(**F**)	Beziehungen.
Hinweis	*Bist du mehr auf Dinge fokussiert (T) oder eher auf Menschen (F)?*

42.	Autoren sollten bei der Wortwahl ...
(**S**)	klar und direkt sein.
(**N**)	bildhafte Sprache verwenden.
Hinweis	*Du magst es lieber, wenn der Verfasser von Texten klar und deutlich schreibt, was er aussagen will (S). Oder du magst es lieber, wenn der Verfasser in bildhafter Sprache schreibt und Geschichten erzählt, also Analogien anwendet (N).*

43.	Für die Erledigung der Dinge im Alltag ...
(**S**)	gelten für mich allgemeine Regeln.
(**N**)	habe ich meine eigenen Methoden.
Hinweis	*Zum Beispiel zeigt dir deine Mutter vielleicht, wie du spülen sollst. Erst die Gläser, dann die Teller usw. Entweder hältst du dich an diese Reihenfolge (S) oder du entwickelst eine eigene Reihenfolge (N). Ganz unabhängig von der Beziehung zu deiner Mutter.*

44.	Ich bin im Freundeskreis, Bekanntenkreis, oder in der Familie meist ...
(**E**)	up to date.
(**I**)	nicht auf dem Laufenden.
Hinweis	*Es dauert mehrere Tage bis du erfährst, dass einer deiner Freunde eine Neue hat bzw. eine deiner Freundinnen einen Neuen (I). Oder du weißt es noch am selben Tag (E).*

45.	Neue Vorschläge und Ideen müssen ...
(**T**)	überzeugend sein.
(**F**)	spannend sein.
Hinweis	*Dein Freund bzw. deine Freundin macht dir einen Vorschlag. Du stimmst eher zu, wenn du von der Idee überzeugt bist (T). Oder eher, wenn du berührt bist und du merkst, dass es ihm/ihr wichtig ist (F).*

46.	Ich mag Dinge, die ...
(**P**)	unvollendet sind.
(**J**)	vollendet sind.
Hinweis	*Nimm an, du liest ein Buch, wie verhältst du dich? Du bist mitten drin und freust dich schon auf das Ende (J). Oder du kostest jede Zeile aus und bist eher enttäuscht, wenn du das Buch schon gelesen hast (P). Das gleiche Beispiel kannst du auf Konsolenspiele, Kinobesuche oder Theaterbesuche anwenden.*

47.	Wenn ich mich mit Freunden verabrede, ...
(**J**)	komme ich nie zu spät.
(**P**)	verspäte ich mich ab und zu.
Hinweis	*Kommt es oft vor, dass du deine Freunde vertrösten musst, weil du dich etwas verspätet hast (P)? Oder bist du eher jemand, der immer pünktlich an Ort und Stelle ist, wenn eine feste Uhrzeit ausgemacht war (J)?*

48.	Ich halte mich selbst für einen ...
(**T**)	objektiven Menschen.
(**F**)	persönlichen Menschen.
Hinweis	*Objektiv heißt, du bist meist unvoreingenommen anderen gegenüber. Du bist frei von Vorurteilen. Vielleicht auch dann, wenn du etwas Schlechtes oder Gutes über den anderen gehört haben (T). Persönlich heißt, wenn du dich mit einem Menschen unterhältst, spielt dein Verhältnis zum anderen eine entscheidende Rolle. Du wirst seinen Vorschlägen zustimmen, wenn ihr eine gute Beziehung zueinander habt (F).*

49.	Ich bin ein Mensch, der gerne ...
(**S**)	auf dem Boden der Tatsachen bleibt.
(**N**)	an die Umsetzung der eigenen Träume glaubt.
Hinweis	*Glaubst du an das, was dir von anderen vorhergesagt wird (S)? Oder glaubst du eher daran, was du dir selbst erträumst (N)?*

50.	In der Beziehung zu anderen ...
(T)	mache ich keine Werturteile.
(F)	beurteile ich oft das Verhalten der anderen.
Hinweis	*Der Lehrer hat dir mehr Hausaufgaben gegeben als du bewältigen kannst. Entweder du ärgerst dich, versuchst aber trotzdem, so viel zu schaffen wie du kannst. (T) Oder du schließt dich den Rebellen an und verweigerst die Hausarbeit, da es unfair war, dir so viel zuzumuten (F).*

51.	Ich halte mich meist in der Nähe von Menschen mit ...
(S)	Urteilsvermögen auf.
(N)	Vorstellungskraft auf.
Hinweis	*Du unterhältst dich mit deinen Freunden. Die Gespräche drehen sich meist um alltägliche Dinge wie Beziehungen, Autos, Arbeit, Sport, Kleidung, Ausgehen, ... (S). Oder die Gespräche drehen sich um die Zukunft, das Unwahrscheinliche, das Unmögliche, Hochtechnologie und Wissenschaft. (N)*

52.	Am Abend in der Gesellschaft mit anderen versuche ich, möglichst ...
(E)	lange zu bleiben.
(I)	früh den Abend ausklingen zu lassen.
Hinweis	*Ein Beisammensein/geselliges Zusammensein strengt dich oft an, also gehst du früher als andere mit einem Gefühl der Beanspruchung, also Energieverlust (E). Oder blühst du bei einem geselligen Zusammensein eher auf und bleibst eher länger als andere (I).*

53.	Politiker müssen mich mit ...
(T)	Argumenten überzeugen.
(F)	ihren Prinzipien überzeugen.
Hinweis	*Lässt du dich durch die Persönlichkeit von Politikern leiten (F) oder eher von dem Parteiprogramm? (T)*

54.	Meine Emotionen ...
(T)	habe ich im Griff.
(F)	zeige ich oft.
Hinweis	*Du hältst dich eher an feste Ansichten oder Wertvorstellungen (T). Oder du vertraust eher deinem Gefühl, was richtig oder falsch ist (F).*

55.	Für meine anstehenden Aufgaben ...
(J)	führe ich einen Terminkalender.
(P)	habe ich alles im Kopf.
Hinweis	*Es ist für dich besser, wenn du weißt, was du morgen und übermorgen zu erledigen hast (J)? Oder magst du es, wenn es offen bleibt, was morgen und übermorgen zu tun ist (P)?*

56.	Es ist für mich wichtiger, ...
(S)	auf dem Boden der Tatsachen zu bleiben.
(N)	träumen zu können.
Hinweis	*Ist es dir wichtiger, eigene Träume zu haben und die Möglichkeiten auszuspielen? (N) Oder findest du es*

	wichtiger, auf dem Boden der Tatsachen zu bleiben und lieber realistisch die Dinge einzuschätzen (S)?

57.	Bei einer Feier komme ich meist mit ...
(E)	vielen ins Gespräch.
(I)	meinen engen Freunden ins Gespräch.
Hinweis	Denkst du an deinen Freundeskreis. Hältst du mit möglichst vielen deiner Bekannten Kontakt, wie auch mit deinen ehemaligen Klassenkameraden (E)? Oder hast du eher langjährige Freundschaften, die sich auf einzelne beschränken (I)?

58.	Bei neuen Ideen sehe ich ...
(S)	die Chancen und Risiken.
(N)	die Möglichkeiten und das Potenzial.
Hinweis	*Realisten sehen neben den Chancen auch Gefahren, auf die sie die anderen oft aufmerksam machen (S). Idealisten neigen dazu, die Chancen höher zu gewichten. Sie sehen das Potenzial einer neuen Idee (N).*

59.	Andere bewundern ...
(T)	meinen Verstand.
(F)	mein Einfühlungsvermögen.
Hinweis	*Da du fast alle Situationen mit deinem Verstand meisterst, ist es für dich entscheidend, immer einen klaren Kopf zu bewahren (T). Oder du liegst oft nach deinem Gefühl richtig und kannst durch Mitgefühl auch bei Problemen anderer helfen (F).*

60.	Wenn es darum geht den anderen die Meinung zu sagen, bin ich oft ...
(**F**)	emotional.
(**T**)	sachlich.
Hinweis	*Wenn du nach deiner Meinung zu einem Vorschlag gefragt wirst, dann fühlst du dich dazu verpflichtet, auch die negativen Aspekte anzusprechen (T). Oder du möchtest oft den anderen nicht verletzen und verschweigst oft die Risiken, wenn du doch im Grunde einer Meinung bist (F).*

61.	Ich mag es, wenn etwas ...
(**J**)	nach Plan läuft.
(**P**)	Unerwartetes passiert.
Hinweis	*Du veranstaltest eine Party. Du hast ein Essen bei dir vorbereitet und Freunde eingeladen. Nun sind alle Gäste da. Alles läuft nach Plan, also bist du mit der Entwicklung sehr zufrieden (J). Plötzlich klingelt es wieder an der Tür. Ein paar Freunde von einem Freund tauchen auf. Du bist froh (P).*

62.	Um eine Präsentation gut zu meistern, muss man unter anderem ...
(**J**)	sehr gut vorbereitet sein.
(**P**)	spontan sein können.
Hinweis	*Nehmen wir an, du erwartest Besuch: Da du dich vorbereiten möchtest, gehst du jede Situation Schritt für Schritt durch und planst die Unternehmungen für die*

	Gäste (J). Oder du wartest auf die Gäste und entscheidest spontan mit den Gästen, was du unternehmen möchtest (P).

63.	Bei einem Streit zwischen Freunden, verlasse ich mich auf meine ...
(**N**)	Intuition.
(**S**)	Urteilsfähigkeit.
Hinweis	*Du denkst bei Fehlverhalten und bei vorbildlichem Verhalten anderer oft an dein eigenes (N). Oder du fällst beim Verhalten der anderen dein Urteil (S).*

64.	In Texten mag ich ...
(**S**)	die klaren Worte.
(**N**)	die Bildsprache.
Hinweis	*Welcher Satz spricht dich mehr an: Die Kritik wurde an jeder Stelle des Gesprächs deutlich (S). Oder die Kritik zog sich durch das Gespräch wie ein roter Faden (N).*

65.	Ich werde von ...
(**E**)	vielen Menschen angesprochen.
(**I**)	wenigen Menschen angesprochen.
Hinweis	*Du bist meistens leicht ansprechbar, auch für Fremde, da du oft eine offene Körperhaltung einnimmst (E). Oder du bist eher von der Körperhaltung verschlossen, sodass du anderen deine Reserviertheit signalisierst (I).*

66.	Bei einer unerklärlichen Kontoabbuchung ...
(J)	schreibe ich die Bank an und versuche es zu klären.
(P)	lasse ich die Abbuchung stornieren.
Hinweis	*Du schaust dir deine Kontoauszüge an und bemerkst, dass ein größerer Betrag von deiner Bank – aus für dich unerklärlichen Gründen – eingezogen wurde. Der Bankangestellte, den du darauf ansprichst, meint nur, es wird schon seine Gründe haben. Du wirst kaum deine Wut darüber verbergen können und wohl eine Bemerkung über seine Kompetenz machen (P). Oder du bleibst gelassen und wartest, bis der Angestellte den Grund für die Abbuchung findet oder schriftlich auf dich zukommt (J).*

67.	Mein Schreibtisch ist ...
(J)	aufgeräumt und ordentlich.
(P)	unordentlich, nur ich habe den Durchblick.
Hinweis	*Schau dir deinen Schreibtisch oder dein Zimmer an: Liegt alles ordentlich auf seinem Platz (J)? Oder herrscht eher eine Unordnung, aber du findest trotzdem, was du brauchst (P)?*

68.	In Auseinandersetzungen ...
(F)	zeige ich mein Temperament.
(T)	versuche ich, mein Recht zu beweisen.
Hinweis	*Bei Auseinandersetzungen bist du eher temperamentvoll und zeigst Gefühle (F). Oder du bist eher sachlich und objektiv (T).*

69.	Wenn es meinen Mitmenschen nicht gut geht, merke ich es ...
(T)	nicht immer sofort.
(F)	immer sofort.
Hinweis	*Du weißt oft genau, wie sich dein Gegenüber fühlt, wenn es ihm mal nicht so gut geht (F). Oder fällt es dir oft schwer zu verstehen, was andere für Probleme haben und warum sie so niedergeschlagen sind (T).*

70.	Am Ende eines Vortrags zählt für mich ...
(S)	die Kernaussage.
(N)	was zwischen den Zeilen steht.
Hinweis	*In einem Text ist dir das Fundamentale wichtiger (S). Oder sind dir die Zwischentöne in einem Vortrag wichtiger als die Kernaussage (N)?*

71.	Auf einer Beerdigung ...
(F)	kämpfe ich mit den Tränen.
(T)	weiß ich nicht, wie ich mich verhalten soll.

72.	Für die Wochenenden ...
(J)	habe ich meist schon was geplant.
(P)	lasse ich mich überraschen, was kommt.

73.	Bücher sind ...
(**N**)	meist besser als Filme.
(**S**)	nicht so spannend wie Filme.

74.	Science-Fiction-Filme ...
(**S**)	schaue ich nicht.
(**N**)	regen die Fantasie an.

75.	Die wissenschaftlichen Möglichkeiten sind ...
(**S**)	manchmal beängstigend.
(**N**)	noch lange nicht ausgeschöpft.

Auswertung

Mache einen Strich zu dem passenden Buchstaben aus der Klammer in die Strichlisten-Vorlage.

Buchstabe	Striche	Gesamtzahl
E		
I		
S		
N		
T		
F		
J		
P		

Du hast nun alle Fragen beantwortet und die Strichliste gefüllt? Sehr gut. Zähle nun die Striche hinter jedem Buchstaben zusammen und trage die Gesamtzahl hinten in die Tabelle ein. Du siehst, dass jeweils die Buchstabenpaare E/I, S/N, T/F, und J/P dick umrandet sind? Das hat einen Grund. Diese Buchstaben bilden ein Gegensatzpaar. Ein

Buchstabe aus einem Paar, welcher mehr Striche bei deinen Antworten sammeln konnte, zeigt die dominierende Seite. Umkreise jeweils einen Buchstaben aus den vier dick umrandeten Kästchen, welcher eine höhere Gesamtzahl hat. Aus den vier umkreisten Buchstaben lassen sich dann 16 verschiedene Temperamentstypen bilden, einer davon sollte bei dir herausgekommen sein.

Hier mal eine Beispielauswertung:

Buchstabe	Striche	Gesamtzahl
E	IIIII II	**7**
I	III	3
S	IIIII IIIII	10
N	IIIII IIIII II	**12**
T	IIIII IIIII IIIII	**15**
F	IIIII	5
J	IIIII IIIII	10
P	IIIII IIIII III	**13**

Du kreist die vier Buchstabenpaare mit den meisten Strichen ein, in diesem Beispiel sind es die Buchstaben E, N, T und P was den Persönlichkeitstyp ENTP ergibt. Die Auswertung zu deinem Persönlichkeitstyp findest du im Anhang am Ende dieses Buches. Hattest du bei beim Buchstabenpaar gleich viele Striche, setzt du statt den Buchstaben ein X ein und schaust dir bitte die Auswertungen zu allen möglichen Buchstabenkombinationen an und entscheidest, welche Auswertung mehr auf dich zutrifft.

Big Five Modell: Ein Modell der Persönlichkeitspsychologie

Einen ganz anderen Ansatz als der MBTI verfolgt das Big Five Modell, welches heute als das Standardmodell der Persönlichkeitsforschung gilt. Mit den Big Five verbinden die Menschen in erster Linie die verschiedenen Giganten aus dem Tierreich Afrikas. Tatsächlich spielen die Big Five aber auch in der Persönlichkeitspsychologie eine wichtige Rolle, wo mit diesem Modell einige interessante Eigenschaften ans Tageslicht gebracht werden können.

Big Five: Charaktereigenschaften unter der Lupe

Der Big Five Test, der auch als Fünf-Faktoren-Modell bezeichnet wird, ist wunderbar dafür geeignet, wenn du deine Charaktereigenschaften einmal selbst unter die Lupe nehmen möchtest. Das Grundgerüst dieses Tests bilden dabei die fünf Bereiche:

- Emotionalität/Neurotizismus
- Extraversion/Introversion
- Offenheit
- Verträglichkeit
- Gewissenhaftigkeit

Jedes dieser fünf Persönlichkeitsmerkmale wird mit zwölf verschiedenen Fragen unter die Lupe genommen. Diese musst du natürlich gewissenhaft beantworten, um ein realistisches Ergebnis zu erhalten. Entscheiden kannst du bei den einzelnen Fragen immer mit einer Skala – von 1 (starke Ablehnung) bis 5 (starke Zuneigung). Ausgewertet werden die Ergebnisse im Anschluss, um deine Persönlichkeitsmerkmale ins Verhältnis mit dem Durchschnitt setzen zu können.

Was sagen die einzelnen Charaktereigenschaften aus?

Jede der fünf Charaktereigenschaften sagt natürlich etwas ganz Eigenes über dich aus. Mit der Offenheit zum Beispiel wird bewertet, wie du auf neue Erfahrungen oder Eindrücke reagierst. Je nachdem, was du im Test geantwortet hast, wird so zum Beispiel ein eher vorsichtiges Wesen oder ein neugieriges und erfinderisches Wesen definiert. Bei der Gewissenhaftigkeit wiederum wird bestimmt, wie genau und zielstrebig du eine Sache verfolgst. Ist deine Gewissenhaftigkeit schwach ausgeprägt, gehst du eher unbekümmert oder sogar nachlässig an gewisse Dinge heran. Ist die Gewissenhaftigkeit stark ausgeprägt, spricht das für einen organisierten und effektiven Menschen.

Du siehst: Die einzelnen Bereiche des Testes geben einen großen Aufschluss darüber, wie Personen oder auch Firmen deine Persönlichkeit einschätzen können. Hier noch einmal eine kleine Übersicht:

- Offenheit: Schwach ausgeprägt = vorsichtig / stark ausgeprägt = neugierig
- Gewissenhaftigkeit: Schwach ausgeprägt = nachlässig / stark ausgeprägt = organisiert
- Extraversion: Schwach ausgeprägt = zurückhaltend / stark ausgeprägt = gesellig
- Verträglichkeit: Schwach ausgeprägt = wettbewerbsorientiert / stark ausgeprägt = kooperativ
- Neurotizismus: Schwach ausgeprägt = selbstsicher / stark ausgeprägt = verletzlich

Übrigens: Die einzelnen Faktoren werden im Englischen mit Kürzeln beschrieben. Das O steht für die Offenheit, das C für die Gewissenhaftigkeit, das E für die Extraversion, das A für die Verträglichkeit und das N für Neurotizismus. Im englischen Sprachraum wird das Big Five Modell daher auch als OCEAN-Modell bezeichnet.

Wo wird das Big Five Modell eingesetzt?

Besonders in Studien wird das Big Five Modell gerne verwendet, um die Menschen in bestimmte Gruppen unterteilen zu können. Bis heute wurde das Modell in weit mehr als 3.000 Studien verwendet, wobei die Wissenschaft nicht das einzige Einsatzgebiet ist. Wie bereits erwähnt, greifen vor allem Unternehmen und Konzerne auf das Big Five Modell zurück, wenn sie neue Mitarbeiter einstellen wollen. Dieser kurze Test verrät immerhin enorm viel über dich und zeigt dem Arbeitgeber zum Beispiel ob du verlässlich und gewissenhaft oder eher nachlässig arbeiten wirst. Gleichzeitig kannst du das Modell auch ganz für dich nutzen, um zum Beispiel festzustellen, in welchen Bereichen du noch an dir arbeiten musst.

Modell kann große Hilfe sein

Alles in allem lässt sich über das Big Five Modell sagen, dass dieses in vielerlei Hinsicht für das eigene Berufsleben von Bedeutung sein kann. Auch wenn der Test bei deinem Arbeitgeber vielleicht nicht durchgeführt wird, kannst du dich mit den Fragen selbst einmal genauer unter die Lupe nehmen. So entdeckst du deine Schwachstellen und kannst daran arbeiten, diese zu verbessern. Der Test selber hat sich über die letzten Jahre und Jahrzehnte als zielgenaue Methode bewährt, mit der jedes Jahrs zu hundertfach gearbeitet wird. Das Prinzip hinter dem Big Five Modell ist dabei enorm einfach und kann ohne großes Einlesen verstanden werden.

Hier findest du den kostenlosen Online-Test: big-five.plakos.de

RIASEC Modell: Hilfe bei der Berufswahl

Das RIASEC Modell ist speziell dafür entwickelt, den Testpersonen Hilfestellung bei der Berufswahl zu geben. Dabei werden anhand von einem Fragebogen deine Interessen in folgende sechs Gruppen eingeteilt:

- praktische Orientierung
- forschende Orientierung
- künstlerische Orientierung
- soziale Orientierung
- unternehmerische Orientierung
- traditionelle Orientierung

Um herauszufinden, ob ein Beruf zu dir passt, kannst du unter anderem auf das RIASEC Modell zurückgreifen. Hierbei handelt es sich um ein sogenanntes Interessenmodell, das die Interessen der Menschen als grundlegende Persönlichkeitsorientierung ansieht.

RIASEC Modell: Grundgedanke und Ursprung

Das RIASEC Modell wurde im Jahre 1977 von John L. Holland entwickelt. Holland entwickelte diesen Ansatz basierend auf der Idee, dass die Berufswahl durch die Wesensmerkmale einer Person bestimmt wird. Sind also die individuelle Orientierung und die Orientierung des Berufs identisch oder ähnlich, spricht das für eine höhere Arbeitszufriedenheit, bessere Aussichten auf beruflichen Erfolg und eine stabile Entwicklung der Karriere.

Im Detail: So funktioniert das RIASEC Modell

John L. Holland setzt in seinem Modell auf sechs verschiedene Interessens-Orientierungen: Die **r**ealistische Orientierung, die **i**nvestigative Orientierung, die **A**rtistic (künstlerische) Orientierung, **s**oziale

Orientierung, **E**nterprising (unternehmerische) Orientierung und **C**onventional (traditionelle) Orientierung. Genau diese sechs Orientierungen haben dem Modell auch seinen Namen gegeben. Und was die einzelnen Orientierungen aussagen, siehst du hier:

Realistische Orientierung (R)

Wer realistisch orientiert ist, kann laut dem RIASEC Modell als aktiv und forsch (bis aggressiv) eingestuft werden. Realistisch orientierte Menschen neigen bei der Berufswahl zu handwerklichen oder technischen Berufen, gleichzeitig harmoniert diese Orientierung mit der Orientierung land- und forstwirtschaftlicher Berufe.

Investigative Orientierung (I)

Menschen mit einer investigativen Orientierung gelten oftmals als intellektuell und versuchen, Bündnisse und Zusammenhänge zu verstehen. Die Wertvorstellungen dieser Personen sind eher unkonventionell und sie sind meist in naturwissenschaftlichen, mathematischen oder medizinischen Berufen zu finden.

Artistic (künstlerische) Orientierung (A)

Wie der Name bereits verrät, stehen bei den Menschen mit einer künstlerischen Orientierung vor allem die Kreativität und Entfaltung des eigenen Ausdrucks im Vordergrund. Kurioserweise sollen Menschen mit einer künstlerischen Orientierung öfter feminin und verletzlich sein. Gut aufgehoben sind diese Personen laut dem RIASEC Modell natürlich in künstlerischen Berufen.

Soziale Orientierung (S)

Menschen mit einer sozialen Orientierung fühlen sich laut dem RIASEC Modell natürlich vor allem sozial verantwortlich, sind gleichzeitig aber auch auf der Suche nach Beachtung und sozialer Interaktion – also Gesellschaft. Generell zeichnen sich diese Personen durch sehr gute soziale Züge aus, dafür werden Entscheidungen weniger intellektuell getroffen. Die soziale Orientierung harmoniert laut Holland mit pädagogischen Berufen, sozialen Berufen oder Berufen in der klinischen Psychologie.

Enterprising (unternehmerische) Orientierung (E)

Mit einer unternehmerischen Orientierung sind laut dem RIASEC Modell die Menschen ausgestattet, die vor allem mit verbalen Fähigkeiten, großen Kompetenzen im Bereich der Kommunikation und der Freude am Konkurrenzdruck überzeugen können. In der Regel sind diese Personen vor allem in Führungspositionen zu finden, wobei neben dem Geschäftsleben auch der Verkauf oder die Öffentlichkeitsarbeit als passende Bereiche bezeichnet werden.

Conventional (traditionelle) Orientierung (C)

Eine traditionelle Orientierung spricht dafür, dass die Menschen viel Wert auf strukturierte Abläufe und Aufgaben legen. Situationen mit sozialer Aktivität oder ausgeprägten physischen Fähigkeiten werden gemieden. Darüber hinaus legen Menschen mit traditioneller Orientierung viel Wert auf materiellen Besitz und den gesellschaftlichen Status. Eine ähnliche Orientierung bieten auch Büroberufe oder Berufe im Servicebereich.

RIASEC Modell hilft bei der Berufswahl

Mit dem RIASEC Modell können vor allem junge Menschen relativ gut herausfinden, in welche berufliche Richtung sie sich orientieren sollten. Bei der Bundesagentur für Arbeit ist beispielsweise der RIASEC-Interessentest recht populär. Wichtig zu bedenken ist bei der ganzen Sache allerdings, dass es sich um ein recht starres Modell handelt. Abweichungen liegen also an der Tagesordnung, zumal keinerlei äußere Einflüsse oder Ähnliches im RIASEC Modell berücksichtigt werden. Für eine grobe Orientierung kannst du auf diesen Ansatz aber definitiv zurückgreifen. Das hilft nicht nur bei der Berufswahl, sondern ist gleichzeitig auch noch ungemein interessant.

Hier findest du den kostenlosen Online-Test: riasec.plakos.de

Riemann Thomann Modell: Verhaltensweisen und Handlungen auf dem Prüfstand

In bestimmten Berufen haben wir täglich Umgang mit vielen verschiedenen Menschen in anderen Berufen, daher sind feste Ansprechpartner und dauerhafte Beziehungen wichtig. Genauso ist in zahlreichen Berufen der persönliche Kontakt zu Kunden wichtig, in anderen eher weniger. Beim Thomann Riemann Modell werden genau diese Persönlichkeitsmerkmale von dir untersucht:

- Nähe – Distanz
- Dauer – Wechsel

Wer sich für die Lehren früherer Philosophen und Forscher interessiert, dürfte bereits auf das Riemann Thomann Modell gestoßen sein. Diesem Modell zur Einschätzung der Verhaltensweisen und Handlungen der Menschen liegen erste Erkenntnisse aus der Antike zu Grunde, da bereits zu jener Zeit davon ausgegangen wurde, dass sich die Menschen unterschiedlich charakterisieren lassen. Genau diese Annahme hat das Riemann Thomann Modell aufgegriffen, welches vom Psychoanalytikers Fritz Riemann und dem Psychologen Christoph Thomann entwickelt wurde – allerdings nicht in Zusammenarbeit.

Entstehung des Riemann Thomann Modells

Dem Riemann Thomann Modell dient ein ganz simpler Grundgedanke als Ursprung. Nämlich jener, dass sich die Menschen aufgrund ihrer Verhaltensweisen und Handlungen in unterschiedliche Gruppen einsortieren lassen. Erstmals erwähnt wurden die damals noch als „vier Pole der Persönlichkeit" bekannten Ansätze im Werk „Grundformen der Angst" von Fritz Riemann. Christoph Thomann wiederum griff diesen Ansatz Mitte der 1970er-Jahre auf. Allerdings veränderte Thomann das Modell seines Kollegen, der mit den vier Persönlichkeitsbegriffen schizoid, depressiv, zwanghaft und hysterisch arbeitete. Diese wurden umgewandelt in die vier Grundbestrebungen Distanz, Nähe, Dauer und Wechsel. Kurios: Riemann und Thomann haben sich niemals persönlich getroffen, sodass dieses Modell nicht in persönlicher Zusammenarbeit entstand.

Riemann Thomann Modell: Die Grundausrichtungen im Detail

Im Riemann Thomann Modell bezieht sich die Angabe des Menschen immer auf die vier genannten gegensätzlichen Grundrichtungen. Ein Mensch, der zum Beispiel stark auf Nähe achtet, kann gleichzeitig keine ausgeprägten Ausbrüche im Bereich der Distanz vorweisen. Allerdings kommen alle vier Grundausrichtungen bei jedem Menschen in unterschiedlicher Ausprägung vor und haben so Auswirkungen auf das Kommunikations- und Beziehungsverhalten. Einsortiert werden die Ergebnisse in ein Koordinatenkreuz, mit dem anschließend dann die jeweiligen Schwerpunkte entdeckt werden können. Um das Ganze verständlicher zu machen, erklären wir die vier Ausrichtungen hier noch einmal genauer:

Distanzausrichtung

Menschen mit einer ausgeprägten Distanzausrichtung werden als sehr rational und abgegrenzt bezeichnet. Diese Personen achten sehr auf ihre persönliche Freiheit und wollen sich von niemandem in dieser Freiheit einschränken lassen. Entscheidungen werden rational getroffen, Gefühle spielen dabei, wenn überhaupt, nur eine kleine Rolle. Gleichzeitig wirken diese Personen oftmals kühl und unnahbar. Fremde Hilfe wollen sie nicht, ebenso sind Menschen mit einer ausgeprägten Distanzausrichtung laut Riemann und Thomann unbeholfen im emotionalen Bereich. Erst wenn eine gewisse Bindung zu einer Person aufgebaut wurde, werden Gefühle wie Zuneigung zugelassen.

Näheausrichtung

Eine ausgeprägte Näheausrichtung ist das genaue Gegenteil zu einer ausgeprägten Distanzausrichtung. Menschen, die Nähe wollen, suchen Bindung, Zuneigung, Vertrauen und Geborgenheit. Darüber hinaus brauchen sie Wärme und Bestätigung. Charakterisiert werden diese Menschen oftmals als sehr teamfähig und kontaktfreudig. Zudem sind die „Nähemenschen" sozial sehr interessiert, gelten aber auch als abhängig von anderen Personen.

Dauerausrichtung

Ist bei einem Menschen eine ausgeprägte Dauerausrichtung vorhanden, zählen für diese Person Werte wie die Zuverlässigkeit, Pünktlichkeit, Treue, Wille, Verantwortung, Sparsamkeit oder Kontinuität. Gleichzeitig sind diese Menschen aber auch selbst sehr zuverlässig und gründlich. „Dauermenschen" zeichnen sich durch ein großes Organisationstalent aus, tragen aber auch den Ruf mit sich herum, langweilig, unflexibel und stur zu sein.

Wechselausrichtung

Die Wechselausrichtung ist bei den Personen die Ausrichtung, mit der Genuss, Charme, Leidenschaft, Temperament, Dramatik und ähnliche Werte beschrieben werden. Ist diese Ausrichtung besonders ausgeprägt, ist der Mensch immer auf der Suche nach Rausch, Reizen und Phantasie, wobei aber auch die Kreativität und der Einfallsreichtum im Vordergrund stehen. Menschen mit ausgeprägter Wechselausrichtung gelten zudem als spontan und unterhaltsam. Aber: Gleichzeitig wird diesen Personen nachgesagt, dass sie unzuverlässig, chaotisch und geschwätzig wären.

Kategorisierung nicht immer möglich

Das Riemann Thomann Modell kann in vielen Fällen als äußerst zutreffend bezeichnet werden. Allerdings stößt der Ansatz hier und da auch auf seine Grenzen. Immerhin ist der Ursprung des Ansatzes durch Riemann bereits viele Jahre her, erst danach wurden Krankheiten wie zum Beispiel gewisse Verhaltensstörungen entdeckt. Die Menschen lassen sich also nicht immer einer passenden Kategorie zuordnen, wobei der generelle Ansatz jedoch als praktisch und leicht verständlich bezeichnet werden kann. Nicht nur, um andere Personen zu testen, sondern auch im Selbsttest.

Hier findest du den kostenlosen Online-Test: riemann-thomann-modell.plakos.de

Hilfsmittel 3: Beschäftige dich mit deinen Werten

Einen Persönlichkeitstest zu machen ist das eine, sich intensiv mit den eigenen Werten zu beschäftigen etwas ganz anderes. Werte geben uns Stabilität im Leben. Wenn wir unseren Werten treu bleiben, werden wir zu einer integren Person, die unter Freunden und Kollegen geachtet wird, was wiederum zu mehr Vertrauen führt. Du solltest dir drei bis fünf Werte notieren, für die du stehst. Die Auswertungen aus den Persönlichkeitstests können dir bei der Identifikation deiner Werte eine große Hilfe sein:

Werte, für die ich stehe

1. ____________________
2. ____________________
3. ____________________
4. ____________________
5. ____________________

Hilfsmittel 4: Bewerte und trainiere deine Kompetenzen

Wie steht es eigentlich um deine Teamfähigkeit, Zuverlässigkeit, Motivation, Kreativität und wie belastbar bist du eigentlich? Diese und viele weitere berufsbezogenen sozialen Kompetenzen kannst du kostenlos bewerten lassen und erhältst zahlreiche Infos, wie diese gesteigert werden können.

Kostenlose Online-Tests findest du hier:
www.plakos.de/kompetenzen-selbsttests/

Neben unseren zahlreichen kostenlosen Tests möchten wir dir ans Herz legen, dich anhand von Büchern und eBooks ständig weiterzubilden. In diesem Zusammenhang empfehlen wir dir wärmstens, das Buch „Die 7 Wege zur Effektivität" von Stephen Covey zu lesen.

Hilfsmittel 5: Erkunde deine Berufsinteressen

Eine andere Möglichkeit, den eigenen Standpunkt zu erforschen, ist die Beantwortung eines Fragebogens, welcher deine persönliche Situation aus verschiedenen Blickrichtungen beleuchtet. Nimm dir für diese 22 Fragen ruhig Zeit. Er ist ein wichtiges Hilfsmittel, um dir mehr Klarheit über deine Stärken, Fähigkeiten und Interessen zu verschaffen.

- Wann habe ich mich das erste Mal gefragt, was ich werden will?
- Was war meine erste Antwort auf diese Frage und warum?
- Wie ging es mir in meiner Schulzeit? Wie gut kam ich mit anderen Schülern und Lehrern zurecht?
- Was hat mir in der Schule besonders Spaß gemacht und was war weniger schön?
- War ich im Allgemeinen ein guter Schüler / eine gute Schülerin? Wenn ja, woran mache ich das fest?
- Welche Fächer, Projekte oder Aktionen haben mir besonders Freude bereitet?
- Welche Fächer mag ich noch heute nicht und warum?

- Habe ich bereits Praktika, Ferienjobs, ehrenamtliche Tätigkeiten oder etwas Ähnliches gemacht? Wenn ja, welche Tätigkeiten haben mir besonders gut gefallen und welche weniger gut?

- Gab es während meiner Schulzeit bestimmte Auszeichnungen (Klassensprecher, Teilnahme am Schulwettbewerb etc.) oder habe ich freiwillig in bestimmten Arbeitsgruppen mitgemacht?

- Bin ich in Vereinen aktiv, habe ich bestimmte Hobbys, und könnte ich mir vorstellen, mein Hobby mal zum Beruf zu machen?

- Was haben meine Eltern mal gelernt, und als was arbeiten sie jetzt? Was ist gut und was weniger gut an ihrem Job?

- Habe ich vielleicht andere (berufliche) Vorbilder? Weiß ich, was sie mal gelernt haben, und welchen Weg sie später eingeschlagen haben?

- Haben meine Freunde schon eine Vorstellung davon, was sie beruflich machen wollen? Welche positiven oder negativen Erfahrungen haben sie schon mal gemacht?

- Was waren bisher meine größten Erfolge? Auf was bin ich stolz?

- Wie sieht mein perfektes Wochenende oder der perfekte Urlaub aus?

- Mit welchen Themen oder Inhalten habe ich mich bisher gerne beschäftigt? Habe ich vielleicht schon Referate zu selbst ausgesuchten Themen gehalten?

- Was tue ich in meiner Freizeit am liebsten? Das kann für andere vielleicht wie Arbeit aussehen, ist aber für mich eher Entspannung.

- Wann vergesse ich alles um mich herum und bin ganz versunken in das, was ich tue?

- Wann habe ich mal Anerkennung von anderen bekommen und für was?

- Welche meiner Fähigkeiten würde ich gerne mal beruflich nutzen, und welche davon konnte ich bereits einsetzen?

- Schaue dir bitte die folgenden zehn Berufsgruppen an. Welche davon würdest du aktuell bevorzugen und warum?
    - Militär
    - Land-, Forst- und Tierwirtschaft und Gartenbau
    - Rohstoffgewinnung, Produktion und Fertigung
    - Bau, Architektur, Vermessung und Gebäudetechnik
    - Naturwissenschaft, Geografie und Informatik
    - Verkehr, Logistik, Schutz und Sicherheit

  - Kaufmännische Dienstleistungen, Warenhandel, Vertrieb, Hotel und Tourismus
  - Unternehmensorganisation, Buchhaltung, Recht und Verwaltung
  - Gesundheit, Soziales, Lehre und Erziehung
  - Sprach-, Literatur-, Geistes-, Gesellschafts- und Wirtschaftswissenschaften, Medien, Kunst, Kultur und Gestaltung

- Welche dieser zehn Berufsgruppen kannst du für dich von vornherein ausschließen und warum?
  - Militär
  - Land-, Forst- und Tierwirtschaft und Gartenbau
  - Rohstoffgewinnung, Produktion und Fertigung
  - Bau, Architektur, Vermessung und Gebäudetechnik
  - Naturwissenschaft, Geografie und Informatik
  - Verkehr, Logistik, Schutz und Sicherheit
  - Kaufmännische Dienstleistungen, Warenhandel, Vertrieb, Hotel und Tourismus
  - Unternehmensorganisation, Buchhaltung, Recht und Verwaltung
  - Gesundheit, Soziales, Lehre und Erziehung
  - Sprach-, Literatur-, Geistes-, Gesellschafts- und Wirtschaftswissenschaften, Medien, Kunst, Kultur und Gestaltung

Lies dir nun die Antworten in Ruhe alle durch. Gibt es bestimmte Interessen, Fähigkeiten oder Stärken, die immer wieder auftauchen? Hast du nun bezüglich deiner Berufsinteressen einen neuen Blickwinkel bekommen?

Hilfsmittel 6: Arbeite dein Alleinstellungsmerkmal aus

Wenn du dich von vielen anderen Bewerbern für einen Ausbildungsplatz oder ein duales Studium abheben willst, dann ist die Ausarbeitung eines persönlichen Alleinstellungsmerkmals sehr hilfreich für dich. Die wenigsten Bewerber machen sich Gedanken über ihr Alleinstellungsmerkmal. Es ist aber genau das, was dich persönlich von allen anderen Bewerbern unterscheidet und was das Unternehmen ganz besonders an dir schätzen wird. Kennst du es, wird dir das persönliche Vorstellungsgespräch beim Arbeitgeber viel leichter fallen und du bleibst anderen in Erinnerung.

Hier sind ein paar gute Beispiele für ein persönliches Alleinstellungsmerkmal:

- Bewerber für eine Ausbildung zum Immobilienkaufmann, der nebenbei Suchmaschinenoptimierung macht
- eine Bewerberin zur Gesundheits- und Krankenpflegerin, die fünf verschiedene Sprachen spricht
- ein Schüler mit Informatik-Kenntnissen und viel Organisationstalent
- ein Schüler, der sich für ein Biologie-Studium interessiert, mit einem hohen Verantwortungsbewusstsein
- eine Bewerberin für die Ausbildung zur Steuerfachangestellten, die sportlich sehr aktiv ist
- ein Bewerber, der Erzieher sein möchte, der Gitarre spielt und vorher eine Ausbildung als KFZ-Mechatroniker absolvierte

Wie du an den Beispielen erkennen kannst, muss das persönliche Alleinstellungsmerkmal nicht perfekt auf die Stelle zugeschnitten sein. Es geht dabei darum, anderen authentisch vermitteln zu können, was dich persönlich von anderen unterscheidet und somit bei Personalern nach dem Gespräch im Gedächtnis hängen zu bleiben. Der folgende Fragebogen hilft dir, dein persönliches Alleinstellungsmerkmal auszuarbeiten.

- Mal angenommen, du musst den perfekten Bewerber einstellen. Was wäre dir persönlich besonders wichtig?

- Welche Arbeit würde dein Leben erfüllen?
- Unterscheidet sich deine persönliche Arbeitsweise von anderen? Wie?
- Wie und mit welchen Stärken kannst du ein Unternehmen bereichern?
- Welcher Erwartungen kannst du besser als andere Bewerber erfüllen?
- Gab es einprägsame Situationen in deinem Leben, in denen du dich anders verhalten hast als die meisten?
- Welche Fähigkeiten besitzt du (auch Hobbys), die andere Bewerber höchstwahrscheinlich nicht haben?
- Auf den Punkt gebracht: Erkläre deine Stärken dem Unternehmen gegenüber, möglichst mit einem Satz.

Hilfsmittel 7: Johari Fenster

Außenwahrnehmung und Selbstwahrnehmung

Wie nehmen mich andere Personen wahr? Diese wichtige und vor allem ungemein interessante Fragestellung lässt sich mit dem Johari Fenster beantworten. Hierbei handelt es sich nicht etwa um ein Fenster aus Fernost, sondern um einen Test zur Außenwahrnehmung und Selbstwahrnehmung. Der Name Johari stammt dabei von den beiden Sozialpsychologen Joseph Luft und Harry Ingham, deren Vornamen für die Namensgebung verwendet wurden.

Was ist das Johari Fenster?

Das Johari Fenster ist im Grunde genommen nicht nur ein Fenster, sondern es handelt sich um eine Matrix aus gleich vier Fenstern. Diesem Aufbau liegt der Gedanke zugrunde, dass sich Informationen über eine Person in unterschiedliche Felder einsortieren lassen. Hierzu gehört zum Beispiel ein Feld mit Informationen, die dir selber nicht bekannt sind, aber den Personen in deinem Umfeld. Das genaue Gegenteil ist natürlich ebenfalls möglich. Damit sich das Ganze etwas einfacher verstehen lässt, haben wir die vier Felder aus dem Johari Fenster im Folgenden einmal aufgeführt:

- **Öffentlich**: Im öffentlichen Feld steht alles, was dir selbst und auch allen anderen Personen bekannt ist. Hierbei kann es sich zum Beispiel um äußere Erscheinungsmerkmale handeln, aber auch um persönliche Eigenschaften.
- **Blinder Fleck**: Beim blinden Fleck handelt es sich um ein Feld, in dem alles gesammelt wird, was von den Außenstehenden über die jeweilige Person wahrgenommen wird. Also das, was zum Beispiel andere über dein Verhalten denken. Das Ganze geschieht, obwohl du selber hiervon vermutlich nichts mitbekommst. Im blinden Fleck befinden sich also Informationen oder Eigenschaften, die andere über dich wissen – du aber nicht.
- **Mein Geheimnis**: Dieses Fenster erklärt sich im Prinzip von selbst. Hier ist alles zu finden, was du oder die betreffende Person vor anderen Personen versteckt hält. Das kann zum Beispiel ein Geheimnis über eine bestimmte Aktivität oder Einstellung sein. Gleichzeitig sind hier auch Informationen

zu Geheimnissen zu finden, die du vielleicht unbewusst aufrechterhältst.

- **Unbekanntes**: In diesem Fenster ist alles zu finden, was dir und den anderen Personen unbekannt ist.

Durch diese vier Felder sind nun sämtliche Tatsachen abgedeckt, die zum Beispiel im Zusammenhang mit einer Information auftreten können. Die eigentliche Einordnung beziehungsweise der Test werden dann in einem Gruppen-Experiment durchgeführt. Allerdings: Die Größe der einzelnen Fenster in diesem Modell ist von Person zu Person unterschiedlich. Dies hat zum einen den Grund, dass sich eine Person gegenüber anderen Personen unterschiedlich verhält. Du bist zu deinem guten Freund also in der Regel anders, als zu jemandem, den du gerade erst kennengelernt hast. Darüber hinaus hängt die Bewertung durch die anderen Personen natürlich auch davon ab, wie gut dich diese kennen und einschätzen können.

Der Johari Fenster Test

Im Gruppen-Experiment zur Durchführung des Tests erhält jeder Teilnehmer eine Liste mit 56 Adjektiven. Aus dieser Liste, zu denen zum Beispiel die Adjektive albern, freundlich, geduldig, fürsorglich, spontan, still, stolz, witzig oder vernünftig gehören, muss jede Person nun fünf oder sechs auswählen, mit denen ihrer Meinung nach die eigene Persönlichkeit am besten beschrieben werden kann. Die restlichen Teilnehmer wählen nun ebenfalls fünf oder sechs Adjektive, mit denen sie die jeweilige Person am ehesten beschreiben würden. Einsortiert wird das Ganze dann in die verschiedenen Felder aus dem Johari Fenster.

Sinn und Zweck der Johari Fenster

Das Ziel des Lernens mit den Johari Fenstern liegt darin, dass der gemeinsame Handlungsspielraum für alle Personen transparenter und damit auch erweitert wird. Das linke obere Feld, deren Inhalte allen Personen bekannt sind, wird auf diese Art und Weise vergrößert. Die anderen Felder mit den Unbekannten werden wiederum verkleinert. Durch das Mitteilen der eigenen Geheimnisse verringert sich laut Joseph Luft der Aufwand, der für die Geheimhaltung betrieben werden muss. Dadurch vergrößert sich wiederum der Handlungsspielraum in der Öffentlichkeit. Gleichzeitig helfen die anderen Teilnehmer einer betroffenen Person dadurch, dass sie Geheimnisse aus dem blinden

Fleck mitteilen. So gewinnt die jeweilige Person Erkenntnisse über sich selbst und kann so den Handlungsspielraum bewusster wahrnehmen. Einfacher gesagt: Beide Parteien helfen einander und ermöglichen so, den eigenen Handlungsspielraum besser zu gestalten.

Fremdeinschätzung-Fragebogen (Beispiel-Fragen)

Eine Möglichkeit, das Feld „blinder Fleck" zu verkleinern, haben wir, indem wir Menschen aus dem persönlichen Umfeld um Feedback bitten. Folgende Fragen können dabei sehr hilfreich sein:

- Was zeichnet mich besonders aus?
- Wie unterscheide ich mich von allen anderen Menschen, die du kennst?
- Was sind meine größten Stärken / Schwächen?
- Welche Stärke ist mir persönlich am wenigsten bewusst?
- Bei welchem Problem würdest du sofort an mich denken?
- Womit sollte ich mich deiner Meinung nach noch beschäftigen?
- Was sollte ich noch lernen?
- Was sollte ich beruflich auf keinen Fall tun?
- Was ist dein größter Wunsch an mich, wie sollte ich mehr sein?

Hilfsmittel 8: Checkliste zur Orientierung

Hast du dich zu deinen Interessen, Fähigkeiten und Stärken mit vielen Menschen ausgetauscht? Hast du online verschiedene Berufsinteressentests durchgeführt? Oder hast du den Fragebogen zu Berufsinteressen komplett durchgearbeitet? Dann solltest du in der Lage sein, ziemlich viele Punkte auf dieser Checkliste abzuhaken:

- o Ich habe mich mit meiner Persönlichkeit auseinandergesetzt.
- o Ich kenne meine Interessen.
- o Ich kann meine Stärken und Schwächen gut einschätzen.
- o Ich habe bereits praktische Erfahrungen gesammelt.
- o Ich habe mich mit den für mich relevanten Berufsgruppen beschäftigt.

2. Planung: Wo möchte ich hin?

Du kennst deine IST-Situation? Prima! Im zweiten Abschnitt geht es nun darum, wo du hinmöchtest. Man kann dazu auch „dein persönlicher Antrieb" sagen. Denn unsere Wünsche und Ziele sind das, was uns tagtäglich antreibt und motiviert.

Wir entdecken eher unsere Berufung, als sie zu erfinden

Wir erfinden unseren Auftrag in dieser Welt nicht, sondern wir entdecken ihn. Er liegt in uns und wartet darauf, verwirklicht zu werden. Jeder hat eine persönliche Berufung oder Mission im Leben; jeder muss einer bestimmten Aufgabe nachkommen, die auf Erfüllung drängt. Der Auftrag jedes Menschen ist genauso einzigartig wie die Chance, ihn zu erfüllen. (Viktor Frankl)

Vielleicht hast du schon eine grobe Vorstellung davon, welcher Berufsgruppe du später angehören möchtest, oder sogar, welchen Beruf du ausüben willst. Bis wir aber tatsächlich die Tätigkeit ausüben, die uns Freude bereitet, also unsere Berufung entdeckt haben, ist es in der Regel ein langer Prozess.

Um dich deiner Berufung zu nähern, kann es hilfreich sein, dich mit deinen Wünschen und Prioritäten zu beschäftigen.

Hilfsmittel 9: Fragebogen zur Zukunftsperspektive

Schalte bitte für einen Moment dein Handy aus, und sorge dafür, dass du ungestört bist. Bitte entspanne dich nun, nimm dir Zeit und versuche, dich in eine ganz andere Situation hineinzuversetzen. Am besten hast du dir für die folgende Übung einen ruhigen und bequemen Platz ausgesucht. Stell dir vor, heute wäre dein 50. Geburtstag und es wurde eine große Geburtstagsfeier von deiner Familie organisiert. Es kommen viele Menschen, die dir wichtig sind. Manche mussten aus weiter Ferne anreisen, um an diesem großen Ehrentag dabei zu sein. Es werden verschiedene Reden gehalten, in denen dein Leben gelobt wird.

1. Die erste Rede hält zu deinem 50. Geburtstag jemand aus deiner Familie. Vielleicht der Ehepartner / die Ehepartnerin, ein Elternteil, ein Bruder, eine Schwester oder eines deiner Kinder. Was könnte der Redner / die Rednerin über dich sagen? Welche Art von Ehepartner / Ehepartnerin, Vater, Mutter, Bruder, Schwester, Kind etc. warst du?

2. Der zweite Redner ist ein enger Freund / eine gute Freundin von dir. Er/Sie weiß, wie du als Mensch warst. Welche deiner Charaktereigenschaften werden in der Rede beschrieben?

3. Die dritte Rede ist ein wichtiger Arbeitskollege, Geschäftspartner oder langjähriger Kunde. Welche deiner Leistungen, deiner Beiträge beinhaltet die Rede?

4. Die vierte Rede kommt von einem Organisationsmitglied oder einem Verein, in dem du dich bereits lange engagierst. Was könnte der Redner / die Rednerin über dich sagen?

5. Welchen Stellenwert haben diese verschiedenen Rollen aktuell in deinem Leben?

6. Was muss in den nächsten drei bis fünf Jahren in deinem Leben passieren, damit diese Reden ein Stück realer werden können?

7. Was musst du als Nächstes noch lernen? Welche deiner Fähigkeiten müssen nun entwickelt werden?

8. Welche Erfolge wirst du in drei bis fünf Jahren verbuchen können?

9. Formuliere bitte einige Vorsätze beziehungsweise ein Leitbild, welches dich bei deinen nächsten Schritten begleiten wird. Beispiel: „Ich werde mir Rat von anderen holen.", „Ich werde jedes Jahr mindestens eine neue Fähigkeit erlernen.", „Ich werde meine Arbeit gewissenhaft erfüllen."

Lese dir noch einmal deine Notizen gründlich durch. Ist dir klarer geworden, was wichtig für dich ist? Weißt du nun, welche Ziele für dich Vorrang haben?

Hilfsmittel 10: Berufswahltests

Eine andere Variante wäre, online einen Stärken-Test beziehungsweise einen Berufswahltest oder Interessentest zu machen. Dieser zeigt dir meist neben den Stärken auch deine Schwächen auf. Selbstverständlich solltest du dich bei der Berufswahl vor allem auf deine Stärken konzentrieren, sodass die Schwächen im Berufsalltag möglichst nicht zum Vorschein kommen.

Ergänzend zu den Interessen werden bei aktuellen Onliner-Berufswahltests deine Schulfächer, Stärken, Persönlichkeit, deine Ziele, Belastbarkeit, Flexibilität, Mobilität und viele weitere Kriterien zur Bildung von Berufsvorschlägen berücksichtigt. Keiner der Tests ist allerdings perfekt auf dich zugeschnitten. Probiere einfach einige Tests aus und verlasse dich nicht auf das Ergebnis von nur einem. Prüfe, ob deine eigenen Vorstellungen mit den Berufsvorschlägen übereinstimmen.

Schaue dir beispielsweise diese kostenfreien Berufswahl-Tools an:

- berufswahl.plakos.de (Zehn Jahre Entwicklung stecken in unserem kostenlosen Tool.)
- gepedu.de (Auswertung auf mehr als 20 Seiten, von Psychologen entwickelt)
- set.arbeitsagentur.de (das Selbsterkundungstool der Bundesagentur für Arbeit)
- portal.berufe-universum.de (Erfahre mehr über die Berufe, gleiche deine Stärken ab.)

Hilfsmittel 11: Gespräch mit dem Berufsberater suchen

Nutze jede Möglichkeit, dir bei deinen Zielen Anregungen von außen zu holen. Die Bundesagentur für Arbeit (BfA) bietet jedem Schüler hierzu ein kostenfreies Gespräch an. Die Berufsberater sind häufig direkt an deiner Schule präsent. Damit sparst du dir als Schüler sogar den Weg dorthin. Sprich einfach mit deinen Lehrern über dieses Angebot.

Damit du besser verstehst, was dich beim Gespräch mit der BfA erwartet, haben wir mit einer Berufsberaterin vor Ort gesprochen. Hier ist ein Auszug aus dem Interview vom 22. Februar 2018 mit Frau Melanie Beck (MB), Berufsberaterin bei der BfA in Bad Oldesloe (Schleswig-Holstein), und dem Autor Waldemar Erdmann (WE):

WE: Frau Beck, stellen Sie sich doch bitte erst einmal kurz vor, Ihre Rolle bei der Arbeitsagentur und wie sind Sie dazu gekommen?

MB: Mein Name ist Melanie Beck. Ich bin Berufsberaterin für Abiturienten und in dieser Funktion Ansprechpartnerin für alle Fragen und Wünsche von Menschen mit einer Hochschulzugangsberechtigung. Das können sowohl Schüler als auch Leute sein, die sich später überlegen, Richtung Studium, nach einer Überbrückung beispielsweise, zu gehen. Die berate ich völlig ergebnisoffen zu den Themen Ausbildung, duales Studium, klassisches Studium. Ich bin nach dem Abitur bei der Agentur für Arbeit direkt in das duale Studium eingestiegen, habe den gehobenen Dienst, damals war es noch die Diplom-Verwaltungswirtin, in Mannheim absolviert und bin dann über mehrere Stationen im Haus bei der Abiturienten- und Studienberatung gelandet.

WE: Sind das bestimmte Klassen, die Sie beraten? Müssen die Schüler ein bestimmtes Alter erfüllen oder eventuell aus einer bestimmten Schule kommen?

MB: Die Berufsberatung ist in zwei Bereiche unterteilt. Ich habe Kollegen, die beraten alle Schüler bis zur Klasse 10, also alle, die die Erste Allgemeine oder die Mittlere Reife anstreben. Ich berate alle die, die in Richtung Fachhochschulreife oder Abitur streben. Das heißt, ich betreue an Gemeinschaftsschulen die Oberstufen von Klasse 11 bis Abitur und die Gymnasien, die wir haben, komplett. Grundsätzlich steht die Berufsberatung allen offen – intern haben wir unsere Zuständigkeiten nach Schulen und Wohnorten. Man muss keine bestimmte Schule oder Klasse besuchen. Es gibt eine Altersgrenze von 25 Jahren – die ist aber nicht fest. Wenn es gute Gründe dafür gibt, dass ein lebensälterer Mensch unsere Beratung benötigt, dann beraten wir in jedem Alter.

WE: Kommen die Schüler, die Sie betreuen, zu Ihnen, kurz bevor sie das Abitur vollenden, oder schon ein Jahr vorher? Es ist ja so, dass man sich schon ein Jahr vorher bewerben muss.

MB: Unsere Arbeit ist vielschichtig. In der Regel stellen wir uns in der Klasse 11 oder 10 an G8-Gymnasien schon einmal vor, in der Vorabgangsklasse in der Regel zu Anfang des Schuljahres, also fast zwei Jahre oder ein dreiviertel Jahr vor Abschluss. Wir machen eine Veranstaltung zur Berufsorientierung, wo wir allgemein Wege nach dem Abitur aufzeigen, auf Fristen eingehen, erklären, wie Bewerbungs- und Auswahlverfahren ablaufen, wie man seine Stärken bzw. Fähigkeiten herausfindet etc. Das sind wichtige Überlegungen. Das ist ein allgemeines Angebot, was klassenweise bearbeitet wird. Und dann können die Schüler natürlich zu uns in die Beratung zu kommen. In der Agentur nehmen wir uns eine Stunde Zeit, um Themen zu bearbeiten. Folgetermine, wenn man nicht fertig wird, sind natürlich kostenfrei möglich. Wir bieten aber auch direkt in der Schule Sprechstunden an. Da haben wir einen Zeitansatz von einer Viertelstunde bis 20 Minuten. Da geht es also nicht um eine Grundsatzberatung, sondern um Weitergabe von Information, wo wird der Studiengang angeboten, wie ist der NC, welche Betriebe bilden Industriekaufleute aus etc.

WE: Wie viele der Jugendlichen nutzen das Angebot des persönlichen Gesprächs in etwa?

MB: An manchen Schulen spreche ich tatsächlich mit jedem in der Vorabgangsklasse, weil es den Lehrern wichtig ist. Jeder soll zumindest einmal mit ihnen seine Pläne durchgesprochen haben. An anderen Schulen sind wahrscheinlich 30 bis 60 Prozent Standard – aber genaue Erhebungen gibt es dazu von unserer Seite nicht.

Wir haben an jeder Schule unsere Ansprechpartner, mit denen wir alle Termine und die komplette Zusammenarbeit vereinbaren. Zwischen der Kultusministerkonferenz und der Agentur für Arbeit gibt es einen Vertrag über die Zusammenarbeit. Es gibt also ein Standardprogramm, das unserer Arbeit einen Rahmen gibt. Nichtsdestotrotz hat jede Schule ihre eigenen Wünsche, ihre eigenen Ziele, ihr eigenes Konzept. Es gibt beispielsweise auch Schulen, wo wir Bewerbungstrainings durchführen, Assessment Center simulieren, Sonder-Infoveranstaltungen zu Themen wie duales Studium, Studienplatzbewerbung und Auswahlverfahren haben. Man kann da noch mal in die Tiefe gehen.

WE: Wenn Sie die Schüler in dem einstündigen Gespräch persönlich beraten, gibt es da bestimmte Fälle, wo Sie an Grenzen stoßen? Müsste da nicht eine weitere Betreuung kommen?

MB: Ja, es gibt diese Fälle, wo diese einstündige Beratung nicht ausreicht. Wenn die Jugendlichen möchten, geht die Betreuung natürlich deutlich über dieses Gespräch hinaus. Das heißt, wir geben entweder Hilfe zur Selbsthilfe, geben den Jugendlichen ein paar Anregungen mit auf den Weg und vertagen uns, um dann zu gucken, wie weit die Jugendlichen gekommen sind, um dann mit ihnen den nächsten Schritt zu gehen.

Ansonsten haben wir auch die Möglichkeit, unseren berufspsychologischen Service mit ins Boot zu holen. Wir haben einen studienorientierten Beratungstest, der Interessen, Talente, Fähigkeiten, persönliche Wünsche und Neigungen auf Studierfähigkeit abprüft. Das Ergebnis kann ich dann mit dem Jugendlichen besprechen.

Wir haben auch studienfeldbezogene Beratungstests, wo Inhalte, sowohl aus der Oberstufe, die für den Studiengang wichtig sind, als auch Fragestellungen und Inhalte des ersten Semesters im Test bearbeitet werden, so, dass die jungen Menschen gucken können, wie sie mit den Fragestellungen und Inhalten zurechtkommen. Abschließend gibt es dann eine Rückmeldung.

WE: Wenn es Richtung Studium geht – arbeiten Sie dann auch mit den Studienberatungen an den Universitäten vor Ort zusammen?

MB: Wir sind sehr gut mit den Studienberatungen der Hochschulen vernetzt und verweisen bei Detailfragen an sie. Wir haben regelmäßig Fortbildungen, wo wir uns an den Hochschulen informieren lassen über Neuerungen, über Details, über Inhalte, über Schwerpunkte, die sie anbieten, um uns da fachlich möglichst gut aufzustellen. Das ist natürlich essentiell.

WE: Wie stark arbeiten Sie mit der IHK zusammen? Die bieten ja in einigen Regionen ein Mentoring-Programm für Schüler an.

MB: Wir verweisen Schüler darauf und sind im regen Austausch mit den Kammern, IHK und Handwerkskammer. Es gibt auch einige Veranstaltungen, die wir gemeinsam durchführen.

WE: Es gibt ja auch private Mentoring- und Coaching-Programme, kostenpflichtige Angebote. Wie stehen Sie dazu? Wie grenzen Sie sich davon ab? Das Angebot der Arbeitsagentur ist ja kostenfrei.

MB: Es gibt sicherlich sehr seriöse Anbieter und Programme, die ihre Berechtigung haben. Wir können das, was die leisten in dieser individuellen und tiefen Form, mit unseren Ressourcen nicht leisten bzw. simulieren. Wir haben Bewerbungstrainings im Angebot. Wir geben auch Tipps zu Bewerbung und zu Verhalten in Assessment Centern und Vorstellungsgesprächen. Aber ich bin da ein wenig kritisch, weil wir vermutlich auch viele haben, die lieber Geld verdienen wollen, ohne wirklich fundiertes Wissen an die Jugendlichen weiterzugeben. Und das bringt ihnen dann letztendlich nichts.

WE: Wie sehen Sie die aktuelle Berufslandschaft? Welche Berufe oder Branchen werden von den Schülern unterschätzt, die durchaus eine Zukunftsperspektive haben?

MB: Die Möglichkeiten, die das Handwerk bietet, werden von vielen Jugendlichen sehr stark unterschätzt. Dabei gibt es hier einen sehr guten Arbeitsmarkt und berufliche Perspektiven. Wir haben viele Betriebe, die eine Nachfolge suchen. Es gibt mittlerweile die Möglichkeit, mit dem dualen Studium eine Betriebsnachfolge und Unternehmensführung anzustreben. Auch der Gesundheitsbereich ist ein absoluter Wachstumsmarkt. Dann bei uns in der Region Hamburg natürlich die Tourismusbranche. Dann haben wir die verarbeitende Industrie und Logistik. Das ist ein riesiger Markt, wo gute Möglichkeiten bestehen.

WE: Gibt es bestimmte Berufe, die in ca. 10 bis 20 Jahren vom Aussterben bedroht sein werden, aufgrund von technologischen Entwicklungen zum Beispiel?

MB: Da die Digitalisierung immer weiter Einzug hält, wird sicherlich Berufe geben, die sich verändern. Der Bereich Beratung, wo noch viel Kontakt mit anderen Menschen gefordert ist, ist relativ sicher. Einfache Tätigkeiten werden nach und nach ersetzt durch Automatisierung und Robotik. Aber komplexe, vernetzte Berufe, sowohl im Handwerk als auch in der Gesundheit, werden sicherlich längerfristig Bestand haben. Ein neuer Beruf – Kaufmann für E-Commerce – wird gerade neu aufgelegt. Die Tätigkeit, die Arbeitsweise und die Methoden werden sich deutlich verändern.

WE: Viele Schüler sind unschlüssig darüber, ob sie eine Ausbildung ergreifen sollen, ein Studium oder ein duales Studium. Gibt es da von Ihnen allgemeine Aussagen oder ist es immer vom Typ abhängig?

MB: Es ist schon sehr vom individuellen Typ abhängig und davon, was sie an Fähigkeiten mitbringen, was ihre Ziele und Wünsche sind, was sie für Kriterien für ihre Zukunft haben. Wer das Ziel nicht kennt, kann auch den Weg dahin nicht finden. Für manche Jugendliche bietet es sich an, auch mal einen Umweg zu gehen und vielleicht doch erst eine Ausbildung anzustreben, weil sie einfach nach 13 Jahren Schule keinen Bock mehr haben auf Lernen. Es geht darum, mit den Jugendlichen gemeinsam zu überlegen, welcher Weg sie zum Ziel führt. Es gibt viele Abiturienten, die sich ganz bewusst für den Weg der Ausbildung entscheiden. Die Gründe sind dann vielfältig. Entweder weil sie Praxiserfahrung sammeln und erst mal Geld verdienen wollen oder weil sie wissen, dass sie nicht der Studientyp sind und eine Ausbildung jetzt ihr Ziel ist.

WE: Wenn jemand zu Ihnen in die persönliche Berufsberatung kommt, gibt es da einen bestimmten, fest definierten Ablauf oder verläuft das Gespräch sehr individuell?

MB: Jeder, der professionell Beratung anbietet, hat einen Ablaufplan beziehungsweise Fahrplan im Kopf. Wir sind alle in Gesprächstechniken und verschiedenen Methodiken geschult. Von daher ist das Gespräch, das wir führen, schon ein Stück weit geleitet und strukturiert. Davon kriegt der Jugendliche nichts mit. Nichtsdestotrotz holen wir den Jugendlichen da ab, wo er ist und starten erst mal mit einer Klärung seines Anliegens und seiner Wünsche. Dann bauen wir das Gespräch entsprechend auf.

WE: Sie haben den berufspsychologischen Service erwähnt. Gibt es weitere Hilfsmittel, die Sie nutzen?

MB: Ja, es gibt den berufspsychologischen Service. Es gibt den ärztlichen Dienst im Haus, wenn gesundheitliche Bedenken da sind. Und ansonsten haben wir unseren beraterischen Methodenpool mit verschieden Möglichkeiten, im Gespräch in Richtung Stärken/Fähigkeiten abzuklopfen, in Richtung Entscheidungsfindung, Skalier-Techniken, Nutzwert-Analysen, gestellte Möglichkeiten, wo wir Stühle stellen und die Leute reinfühlen lassen. Es kommt immer auf den Typ Jugendlicher an, was für eine Methode wir dann einsetzen und was zielführend ist, um diese Person entsprechend in ihrer eigenen Planung, in ihrer Berufs- und Studienwahl weiterzubringen.

Für die Stärken-Schwächen-Analyse zum Beispiel gehen wir stark auf Hobbys und Ehrenämter ein. Ansonsten ist das auch eine Stärke von unserem berufspsychologischen Dienst. Im Interessensbereich haben wir eine Card-Sort-Methode, wo wir die Jugendlichen berufliche Begrifflichkeiten nach Interessen sortieren lassen, um herauszufiltern, in welche Richtung wir denken könnten.

WE: Haben sich während Ihrer Zeit die Methoden geändert oder die Arbeitsweise in der Arbeitsagentur, auch in Bezug auf die Schüler, weil die vielleicht anders ticken?

MB: Wir gucken konstant, wo wir besser werden können und sind ständig im Wandel. Wir führen neue Methodiken ein, überlegen uns neue Beratungswege. Wir haben in den letzten Jahren festgestellt, dass immer mehr Schüler eine Entscheidungsproblematik haben. Sie verspüren großen Druck, das Perfekte für sich zu finden. Daher bieten wir jetzt seit ca. ein bis eineinhalb Jahren für Interessierte Entscheidungsworkshops an Schulen oder auch bei uns im BIZ an.

Die Schulformen haben sich ja geändert, wir gehen jetzt wieder zurück auf G9. Wir haben Gemeinschaftsschulen, wir haben nicht mehr die klassische Haupt- und Realschule. Wir haben seit letztem Sommer das AVSH, die „Arbeitsvorbereitung Schleswig-Holstein“ für minderjährige Schüler, die ihre Berufsschulpflicht noch zu erfüllen haben. Alles das, was sich in der Schullandschaft ändert, hat natürlich auch unmittelbare Folgen für unsere Arbeit. Und wir müssen uns darauf einstellen.

WE: Gibt es bestimmte Kompetenzen, die in den Schulen häufig nicht vermittelt werden können, die aber der Arbeitsmarkt bei den Schülern erfordert?

MB: Das Soziale bleibt auf der Strecke. Die Jugendlichen sind immer länger in der Schule. Der Trend geht zu Ganztagsschulen. Entsprechend wenig Zeit bleibt, sich um Hobbys und soziale Kontakte zu kümmern. Das bemängeln auch Arbeitgeber. Stichwort „Organisation, Informationsmanagement“: Sie haben zwar mit den neuen Medien Zugang zu allem, werden aber oft erschlagen von der Flut an Informationen.

Wir sind ganz oft auch Wegweiser, Navigationssystem durch dieses Dickicht der Informationen. Stichwort „Leistung“: Wir haben mittlerweile über 50 Prozent jedes Jahrgangs, der Abitur macht – nicht alle davon sind zwingend studierfähig. Wir erleben, dass sich Schüler oftmals vor einer Entscheidung drücken. Das ist durchaus ein Problem, da dann viele mit einem schwachen Abi rauskommen. Einige Hochschulen führen mittlerweile das nullte Semester beziehungsweise Probesemester ein.

WE: Raten Sie dann, dass man nicht dieses nullte Semester durchführt, sondern überlegt, ob es Alternativen gibt zum Studium?

MB: Für viele auf alle Fälle. Da muss aber die Gesellschaft daran arbeiten. Die Kinder kriegen großen Druck, in Richtung Studium zu gehen. Viele lassen aber außer Acht, dass ein guter Facharbeiter unter Umständen nicht viel schlechter verdienen muss als ein studierter Mensch. Und eigentlich kommt es darauf an, ob ich im richtigen Umfeld bin für das, was ich mitbringe. Es gibt mittlerweile das Berufswahlsiegel, das heißt, Schulen können sich zertifizieren lassen. Eine Fachjury aus Leuten der Arbeitsagentur, der Wirtschaft, der Handwerkskammer guckt sich das Berufsorientierungskonzept der Schule genau an und arbeitet eng mit der Schule zusammen. Viele Schulen haben erkannt, dass sie die Jugendlichen mehr auf die Arbeits- und Berufswelt vorbereiten und mehr Kompetenzen für eine Berufswahlentscheidung vermitteln müssen.

Wir arbeiten mit den Studienberatungen der Hochschulen zusammen und empfehlen den Schülern, sich in eine Vorlesung reinzusetzen, die Tage der offenen Tür zu nutzen und mit der Studienberatung oder den Studenten zu sprechen. Und wir bieten die Möglichkeit, ein Praktikum zu machen, mit Azubis zu sprechen und Berufsmessen zu nutzen. Die Schüler müssen mit Leuten sprechen, die aktuell in der Situation sind, um ein realistisches Bild zu bekommen. Denn daran hapert es oft.

WE: Und wenn sich jetzt jemand für die Polizei interessiert, aber noch nicht genau weiß, ob er Richtung Kriminalamt gehen möchte: Haben Sie da innerhalb der staatlichen Organisationen bestimmte Kontakte, die Sie weitervermitteln können?

MB: Wir haben da konkrete Kontaktdaten, zum Beispiel von den Karriereberatern bei der Bundeswehr. Außerdem verweisen wir auf die Einstellungsberater der Polizei.

WE: Ich danke Ihnen vielmals für Ihre Zeit.

Hilfsmittel 12: SMARTe Ziele setzen

Im Leben eines jeden Menschen warten zahlreiche Herausforderungen. Nicht nur auf beruflicher Ebene, sondern auch im privaten Leben stehen einige Hürden und Aufgaben bevor, die genommen werden müssen. Tatsächlich könnte man sogar so weit gehen und sagen: Das ganze Leben ist ein Projekt. Um dieses Projekt nun wirklich erfolgreich zu gestalten, kann du auf smarte Ziele zurückgreifen. Und um was es sich hierbei genau handelt, zeigen wir dir im Folgenden.

Smarte Ziele: Aus dem Projektmanagement zum Persönlichkeitsmanagement

Der Smart-Ansatz kommt ursprünglich aus dem Bereich des Projektmanagements. Mittlerweile allerdings werden die smarten Ziele auch im Persönlichkeitsmanagement eingesetzt. Der Ursprung des Begriffs stammt dabei aus dem Englischen. Der Name „smart" ist natürlich nicht zufällig gewählt, sondern beruht auf den fünf Anfangsbuchstaben der Grundpfeiler dieser Strategie:

- spezifisch
- messbar
- attraktiv
- realistisch
- terminiert

Hinter dem ganzen Gerüst steckt ein Gedanke zur Optimierung verschiedener Prozesse. Mit den smarten Zielen kannst du also zum Beispiel Aufgaben im Schul- und Berufsleben effektiver meistern. Darüber hinaus kannst du smarte Ziele auch im Privatleben anwenden. Was genau sich hinter diesem Ansatz verbirgt, sehen wir uns jetzt an. Gleich vorweg ein Hinweis: Der Grundgedanke der smarten Ziele ist enorm einfach zu verstehen.

In der Praxis: Smarte Ziele anwenden

Mit den einzelnen Grundpfeilern der smarten Ziele wird im Prinzip genau das beschrieben, was für diese Technik besonders wichtig ist. Mit den fünf Grundpfeilern hinterfragst du nämlich einfach kommende Projekte und Aufgaben. Besser verdeutlichen lässt sich das

Ganze anhand eines Beispiels. Angenommen, du musst innerhalb der nächsten Monate einen wichtigen Vortrag in der Schule halten. So würdest du nun damit beginnen, dir für die Vorbereitung erst einmal ein spezifisches Ziel zu setzen, das auch als Zwischenziel bezeichnet werden kann. Beispiel: Ich formuliere den Aufbau meines Vortrags innerhalb der nächsten Woche. Du hättest also ein **spezifisches Ziel (S)** formuliert, welches nun eingehalten werden muss.

Weiter geht es mit dem nächsten Grundpfeiler: **messbar (M)**. In unserem Beispiel wäre dein Erfolg zum Beispiel dann messbar, wenn du die Struktur fertiggestellt hast. Der dritte Grundpfeiler ist die **Attraktivität (A)**. Hier prüfst du also, ob dein Ziel überhaupt attraktiv für deinen eigenen Fortschritt ist. Anders gesagt: Macht diese Arbeit wirklich Sinn oder muss der Ansatz noch einmal hinterfragt werden? Ist das Ziel für dich nicht attraktiv, aber unausweichlich, solltest du es so attraktiv wie möglich gestalten. Zum Beispiel mit Hilfe einer kleinen Belohnung nach dem Erreichen dieses Ziels. **Realistisch (R)** meint im Bereich der smarten Ziele, dass du dir ein realistisches Ziel setzt. Andernfalls wird es dich demotivieren, wenn du dein gestecktes Ziel nicht erreichst. Der letzte Grundpfeiler legt mit dem Begriff **terminiert (T)** fest, dass eine klare Deadline für dein jeweiliges Ziel gesetzt wird. In diesem Fall wäre es eine Woche, wobei sich die Angabe je nach Projekt natürlich auch genauer definieren lässt. Zum Beispiel durch die Angabe einer konkreten Uhrzeit.

Effektiver und erfolgreicher leben

Du siehst: Wendest du die Variante der smarten Ziele konsequent für deine Projekte an, kannst du die Erledigung der Aufgaben deutlich effektiver gestalten. So sparst du wichtige Zeit, die du anschließend lieber für dich und spaßige Dinge nutzen kannst. Wichtig ist allerdings bei den smarten Zielen, dass du wirklich konkrete Ansätze für deine Grundpfeiler formulierst. Hierbei solltest du versuchen, so genau wie möglich vorzugehen. Es reicht zum Beispiel nicht aus zu sagen: „Ich werde für meine Klausur lernen". Stattdessen müsste hier genau formuliert werden, wie viel du in welchem Zeitraum lernen möchtest. Die Attraktivität spielt dabei in gewisser Hinsicht eine übergeordnete Rolle. Je attraktiver die Aufgabe für dich ist, desto einfacher wird sie dir fallen. Achte also darauf, dass du dich mit verschiedenen Belohnungen zusätzlich unterstützt. Bleibst du konsequent am Ball, wirst du bereits innerhalb kürzester Zeit die ersten positiven Auswirkungen spüren – in welchem Bereich auch immer.

Hilfsmittel 13: Fotoreise in die Zukunft

Die SMART-Methode ist sehr konkret und messbar. Wer noch nicht so konkret werden kann und will, sollte sich mit der Fotoreise beschäftigen. Hier geht es um einen kreativen Ansatz, Ideen für ein mögliches berufliches Ziel zu sammeln.

Bei der Fotoreise solltest du dir in den nächsten drei bis fünf Tagen zwischendurch einige Augenblicke Zeit nehmen, um über die Zukunft nachzudenken. Wie könnte in fünf bis zehn Jahren dein idealer Tag aussehen? Womit möchtest du dich beschäftigen? Wie könnte dein Leben aussehen? Versuche dabei im Alltagsgeschehen Menschen oder Dinge zu fotografieren, die du mit deiner Zukunft in Verbindung bringen kannst. Vielleicht gibt es auch bestimmte Charaktereigenschaften, die du an anderen bewunderst? Versuche diese mit Bildern festzuhalten. Nach drei bis fünf Tagen solltest du die Bilder sammeln und dir überlegen, was dich dazu gebracht hat, das Bild zu schießen und was es für deine Zukunft bedeuten könnte. Diese Übung hilft dir, dich intuitiv deinen beruflichen Wünschen zu nähern.

Hilfsmittel 14: Checkliste zur Planung

Wir hoffen, die vorgestellten Methoden und Tools konnten dir helfen, deine persönlichen Rollen zu identifizieren und dir für jede der Rollen bestimmte Ziele zu setzen. Am Ende solltest du folgende Punkte für dich abhaken können:

- ○ Ich weiß, was mich antreibt (Prinzipien).
- ○ Ich kenne meine Wünsche / Prioritäten.
- ○ Ich habe ein persönliches Leitbild.
- ○ Ich habe ein konkretes Bild von mir in drei bis fünf Jahren vor Augen.
- ○ Ich habe mir realistische Ziele gesetzt.

3. Entscheidung: Wie sieht mein Weg dahin aus?

Die schlimmste Entscheidung ist Unentschlossenheit. (Benjamin Franklin)

Du kennst nun deine Ist-Situation und das Ziel. Nun geht es darum, für dich Wege zu finden, um deine Ziele zu erreichen. Dabei gleichst du dein Profil mit den Voraussetzungen der einzelnen Berufe ab und deine Ziele mit den Chancen und Perspektiven in den Berufen und Unternehmen beziehungsweise an bestimmten Hochschulen. Du verschaffst dir so einen Überblick über die beruflichen Möglichkeiten und wählst die passende für dich aus.

Hilfsmittel 15: Fragebogen zur Marktanalyse

Folgende Fragen sollten dir für eine bessere Marktübersicht helfen:

- Welche Angebote hat das BIZ und die Arbeitsagentur aktuell, um meinem Ziel näher zu kommen?
- Gibt es bestimmte Karrieremessen, Berufsorientierungstage, Bewerbertrainingsseminare etc., die ich besuchen kann?
- Gibt es für mich in Frage kommende Unternehmen, die Schnuppertage oder sogar ein Praktikum anbieten?
- Kenne ich in meinem Umfeld jemanden, der vielleicht ein interessantes Angebot für mich hat?
- Wie sieht es mit Online-Jobportalen und Stellenanzeigen in Zeitungen aus? Gibt es da vielleicht Angebote, die zu meinem Ziel passen könnten?
- Welche Bücher, Zeitschriften oder Blogs könnten mir wichtige Hinweise liefern?

- Gibt es an unserer Schule vielleicht einen Ansprechpartner zum Thema Berufsorientierung, mit dem ich über meine Situation und meine Ziele reden kann?

- Bin ich in Karrierenetzwerken aktiv oder gibt es bestimmte Gruppen in sozialen Medien, die mich interessieren?

Bitte lese die Antworten aus dem Fragebogen durch und leite für dich passende Aktionen und Termine ab. Verschaffe dir durch die Nutzung von Karrieremessen, Online-Medien, Printmedien, BIZ, Berufsberatern an Schulen und Arbeitsagenturen und deinen persönlichen Kontakten einen Überblick über die angebotenen Stellen beziehungsweise Studienplätze. Mache dir Notizen zu den Voraussetzungen und gleiche diese mit deinem eigenen Profil ab.

Hilfsmittel 16: Die Eisenhower-Matrix

Unsere Zeit ist begrenzt. Wir können unmöglich alle Karriereratgeber gleichzeitig lesen, alle anstehenden Jobmessen besuchen, uns in sämtlichen Karrierenetzwerken beteiligen, uns bei allen Unternehmen vorstellen und dazu noch täglich die aktuellsten Jobangebote studieren. Um für dich die richtigen Aktionen ableiten zu können, ist somit ein gewisses Zeitmanagement gefragt.

Beim Eisenhower-Prinzip, einer effektiven Methode aus dem Zeitmanagement, geht es darum, Aufgaben zuerst nach ihrer Dringlichkeit und Wichtigkeit einzuteilen. Dies lässt sich am besten in einer Matrix mit vier Quadranten veranschaulichen:

	Dringend	Nicht Dringend
Wichtig	1. Beispiele Anrufe von Stammkunden Projekte mit Zeitlimit Krisen	2. Beispiele Beziehungsarbeit Produktentwicklung Erholung, Lernen Planung, Organisation
Nicht Wichtig	3. Beispiele Viele unerwartete Anrufe Die meisten Meetings Einige Konferenzen	4. Beispiele Fernsehen Viele angenehme Tätigkeiten Triviale Dinge

Beim Eisenhower-Prinzip geht es nun darum, sich auf die Aktivitäten aus Quadrant 2 (wichtig und nicht dringend) zu konzentrieren. Denn die wirklich wichtigen Dinge sind selten dringend. Umgekehrt gilt das Gleiche: Die dringenden Dinge sind selten wirklich wichtig.

In der Management-Bibel „Die 7 Wege zur Effektivität" erklärt Stephen Covey was mit uns passiert, wenn wir unsere Aktivitäten auf nicht dringende, aber wichtige Dinge konzentrieren. Um mehr Zeit für Quadrant 2 zu haben, müssen wir uns diese zuerst aus den Quadranten 3 und 4 nehmen (dringend/nicht dringend und nicht wichtig).

Dadurch dass sich effektive Menschen auf Aktivitäten aus dem Quadrant 2 konzentrieren, schrumpft automatisch der Bereich der dringenden und wichtigen Aktivitäten (Quadrant 1). Covey begründet dies damit, dass effektive Menschen nicht problemorientiert, sondern möglichkeitsorientiert sind. Sie denken somit präventiv und lassen keine Krisen, zeitliche Engpässe und Notfälle entstehen. Optimaler Weise beschränken sich alle unsere Aktivitäten auf den Quadranten 2.

Anwendung der Eisenhower-Matrix

- Zeichne die Eisenhower-Matrix wie oben auf ein Blatt Papier. Teile deine täglichen und wöchentlichen Aktivitäten in die vier Quadranten ein.
- Überlege dir, auf welche Quandrant-2-Aktivitäten du dich in Zukunft stärker konzentrieren möchtest. Welche Quadrant-3- und 4-Aktivitäten kannst du an andere abgeben oder ganz aus deinem Tagesplan streichen?
- Erstelle einen Wochenplan. Beginne damit, indem du deinen Quandrant-2-Aktivitäten feste Zeiten vergibst und dich daran hältst.
- Nimm dir ab jetzt jede Woche Zeit für deinen Wochenplan, identifiziere regelmäßig deine Quadrant-2-Aktivitäten und plane dafür feste Zeiten ein.

Hilfsmittel 17: Passende Stellen finden

Die meisten Bewerber, die auf der Stellensuche sind, nutzen ein einziges Medium und gehen nach dem gleichen Muster vor: Sie durchforsten Jobanzeigen bei der Arbeitsagentur oder einer anderen Jobbörse wie Indeed, Kimeta, Stepstone, Monster, XING etc. Danach schicken sie Bewerbungen an Arbeitgeber, die dort passende Stellen ausgeschrieben haben. Erhalten sie nur Absagen oder die Arbeitgeber melden sich nicht, geben die Bewerber häufig die Suche schon auf. Nach dem Motto: Für mich gibt es keinen passenden Job.

Doch weit gefehlt: Jobportale zeigen uns nur die Spitze des Eisberges an freien Stellen auf. Hier stellen wir nun die anderen Medien bei der Suche nach freien Stellen auf:

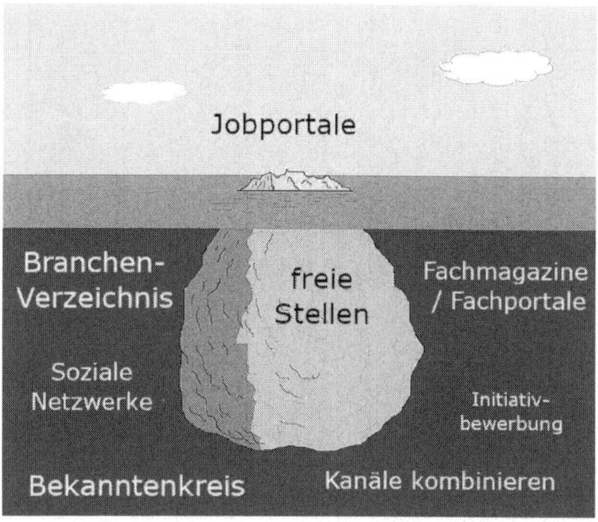

Branchenverzeichnisse
Wenn du bereits herausgefunden hast, wo deine Kompetenzen liegen, schaue in Branchenverzeichnissen (Gelbe Seiten, das Örtliche, etc.) nach, welche regionalen Anbieter es in diesem Bereich gibt. Versetze dich dabei in die Kundensicht und prüfe, welchen Anbieter du als Kunde auswählen würdest. Das sind deine potenziellen Arbeitgeber, bei denen du dich bewerben solltest.

Fachmagazine / Fachportale

Die wenigsten Bewerber ziehen die Möglichkeit in Betracht, sich in Fachmagazinen über freie Stellen zu informieren. Warum eigentlich? Deutsche Arbeitgeber suchen händeringend nach Computerspezialisten, Fachkräften im Handwerk, Gastronomie, Pflege, Logistik etc. In all diesen Branchen gibt es Fachzeitschriften und Portale, in denen freie Jobs beworben werden. Denn schließlich erreichen die Arbeitgeber so direkt ihre Zielgruppe. Schaue dir also genau die Fachmagazine aus deinem Bereich an, das ist nicht nur für die Jobsuche gut, sondern dient auch der Weiterbildung.

Bekanntenkreis

Fragen kostet nichts, das gilt vor allem für Freunde, Verwandte, Nachbarn und Bekannte. Es gibt bestimmte Branchen, in denen nachweislich mehr stellen über Kontakte vermittelt werden, als über Jobportale. Frage also Leute aus deinem Netzwerk, ob sie was über freie Stellen aus deinem Bereich gehört haben.

Soziale Netzwerke

Ähnlich verhält es sich mit sozialen Netzwerken, wobei diese eher eine Mischung aus Fachportalen, Jobbörsen, Bekanntenkreis etc. darstellen. Auch dort solltest du mit Leuten auf deiner Branche in Kontakt treten und sie direkt auf freie Stellen ansprechen. Viele Arbeitgeber bieten einen eigenen Karrierekanal, welchen du abonnieren solltest, um auf dem Laufenden zu bleiben.

Initiativbewerbung

Sollte keine passende Stellen bei deinem Wunsch-Arbeitgeber ausgeschrieben sein, gib nicht auf. Bewirb dich initiativ und du wirst bei den meisten zumindest in den Bewerberpool aufgenommen. Sollte wieder etwas frei werden, stehen die Chancen nicht schlecht, dass der Arbeitgeber auf dich zukommt.

Kanäle kombinieren

Die Erfolgsformel bei der Stellensuche lautet: Setze bei der Stellensuche nicht alles auf eine Karte. Probiere mehrere der oben genannten Kanäle aus. Je mehr desto besser. Die meisten der Jobsuchenden scheitern deshalb, weil sie alles auf eine Karte setzen.

Hilfsmittel 18: Checkliste zur Entscheidung

Nachdem du bereits Termine aus dem Fragebogen zur Marktanalyse wahrgenommen hast, solltest du in der Lage sein, einige Punkte aus der Checkliste zur Entscheidung abzuhaken:

- Ich kenne die aktuelle Marktsituation.
- Ich kenne die Voraussetzungen für meinen Berufswunsch.
- Ich habe eine eigene Marktstrategie entwickelt.
- Ich habe bereits für mich interessante Angebote ausfindig gemacht.
- Ich kenne die Zukunftsperspektiven in meinem Beruf.
- Ich weiß über die Aufstiegschancen Bescheid.
- Ich habe mich über Einstiegsgehälter und über die Gehaltsentwicklung informiert.

4. Realisierung: Den Weg gehen

Du kennst deine IST-Situation, deine Ziele und die Möglichkeiten, die sich aktuell bieten. Nun geht es ans Eingemachte. Denn jetzt heißt es, sich bei relevanten Arbeitgebern zu bewerben. Da die Bewerbung an einer Hochschule mit deutlich weniger Aufwand zu bewerkstelligen ist, gehen wir hierauf nicht weiter ein. Hast du bereits im Deutschunterricht das Thema „Bewerbung schreiben" behandelt und bereits eine eigene Bewerbung geschrieben? Wenn ja, solltest du dennoch deine Unterlagen noch einmal checken. Denn viele Bewerbungsratgeber (auch Lehrer) sind nicht auf dem aktuellen Stand, was heute seitens der Arbeitgeber erwartet wird.

Hilfsmittel 19: Bewerbung aus aktueller Sicht

Eine Bewerbung anzufertigen, braucht Zeit und Geduld. Schließlich soll sie dem Unternehmen gefallen und nicht gleich aussortiert werden. Da die zuständigen Personaler oft eine ganze Masse an Bewerbungsunterlagen erhalten, findet die Vorsortierung meist nach simplen Kriterien statt. Unvollständige Unterlagen, oder fehlende Informationen können Gründe für eine Absage sein. Daher solltest du darauf achten, dass die Bewerbung nicht nur gut aussieht, sondern auch alle relevanten Bestandteile für den Personaler bereithält. Welche Informationen enthalten sein müssen, steht meist in der Stellenausschreibung. Das wichtigste Element dabei ist für die Arbeitgeber der Lebenslauf, gefolgt von Anschreiben, Zeugnissen und weiteren Nachweisen.

Der heutige Trend geht immer mehr in Richtung „One-Click-Bewerbung". Dabei lassen sich Lebenslauf und Zeugnisse in ein Jobportal laden, worüber man sich mit nur einem Klick bei vielen Arbeitgebern bewerben kann. Das Anschreiben, welches individuell auf den Arbeitgeber zugeschnitten wird, fällt dabei weg. Viele Arbeitgeber halten das Anschreiben ohnehin für austauschbar, was dem Trend der One-Click-Bewerbung Recht gibt.

Damit eine Bewerbung von Erfolg gekrönt ist, sind also einige Dinge zu beachten. Die nächsten Abschnitte erläutern, wie die einzelnen

Bestandteile deiner Bewerbung aussehen sollten und welche Informationen für das Unternehmen besonders interessant sind.

Anschreiben

Das Anschreiben einer Bewerbung solltest du nicht unterschätzen, vor allem dann, wenn es vom Arbeitgeber explizit gewünscht wird.

In einem relativ knappen Text hast du die Möglichkeit, den Leser von dir zu überzeugen. Wie eingangs erwähnt, werden Personaler von Bewerbungen regelrecht „überschwemmt“. Daher gilt hier die Regel: „in der Kürze liegt die Würze“! Denn ein knappes Anschreiben erspart dem Personaler nicht nur viel Zeit, sondern zeugt auch von deiner Fähigkeit, dich auf das Wesentliche zu konzentrieren. Damit hebst du bereits mit dem Aufbau des Anschreibens eine wichtige Fähigkeit deiner Person hervor.

Für die formale Gestaltung ist zu beachten, dass das Anschreiben nach der Norm DIN 5008 verfasst werden sollte. Die Norm ist unabhängig davon, ob es sich um einen Ausdruck handelt oder ob ein digitales Format (*.docx- und *.pdf-Dateien) verschickt werden soll. Bei digitalen Formaten solltest du möglichst darauf achten, dass die Größe der Datei 1 MB nicht übersteigt. Grund dabei ist die Vermeidung einer Überlastung des digitalen Postfachs des Empfängers mit zu großen Datenmengen.

Aufbau des Anschreibens:

- Betreffzeile und Bezugszeile
- Einleitung und Grund für die Bewerbung
- Werdegang und zusätzliche Qualifikationen
- Hobbys und Interessen
- Abspann und Grußformel

Betreffzeile und Bezugzeile

In der Betreffzeile wird der Bezug deiner Bewerbung zu der jeweiligen Stelle, auf welche du dich bewirbst, geschaffen. Die kurze Referenzangabe dient zur Hervorhebung des Inhalts.

Beispiel:

- **Bewerbung um eine Ausbildung zum Beamten im mittleren Zolldienst**
  Ihre Stellenanzeige auf www.zoll.de

Einleitung und Grund für die Bewerbung

Die Einleitung der Bewerbung kann bereits erfolgsentscheidend sein. An diesem Punkt muss bereits das Interesse des Lesers entfacht werden. Standardsätze wie „Hiermit bewerbe ich mich…“ solltest du vermeiden, da sie sich nicht von der Masse abheben. Wichtig ist auch, dass Konjunktive wie „würde“, „könnte“ und andere von wenig Selbstvertrauen zeugende Formulierungen in der Bewerbung nichts zu suchen haben. Ein selbstbewusster Anfang mit einer konkreten Aussage bildet im Vergleich einen starken Einstieg.

Beispiel:

- „Herzlichen Dank für das informative Gespräch beim ‚Tag der offenen Tür‘ / auf der Berufsmesse. Wie besprochen, lasse ich Ihnen nun meine Bewerbungsunterlagen zukommen.“

Werdegang und zusätzliche Qualifikationen

In diesem Abschnitt geht es um deine Referenzen, die du für die Stelle oder Ausbildung vorweist. Diese sollten zu den Anforderungen des Stellenprofils passen. Hierbei handelt es sich um schulische Abschlüsse, berufliche Qualifikationen, Praktika und ähnliches. Sämtliche Parallelen, die dein Lebenslauf zu dem Stellenprofil aufweist, sollten hier erläutert werden. Dabei ist wichtig zu wissen, was in der Stelle gefordert wird, warum du als Bewerber auf die Stelle passt, und wie du deine Kompetenzen anhand deiner Referenzen belegen kannst. Hier muss also viel Überzeugungskraft geleistet werden. Doch Vorsicht ist geboten. Weder eine überhebliche Selbstdarstellung noch ein geringes Selbstwertgefühl sind hier geboten.

Beispiel:

- „Das Ernst-Moritz-Arndt-Gymnasium habe ich 20XX mit dem Abitur (Durchschnitt: 1,7) erfolgreich abgeschlossen. Im Anschluss habe ich ein BWL-Studium aufgenommen und mit dem Bachelor (Note: 1,0) beendet.“

- „Neben der Schule bin ich in der Jugendarbeit aktiv. Ich besitze die ‚Juleica' (Jugendleiter-Card), den bundesweit anerkannten Ausweis für ehrenamtliche Mitarbeiter in der Jugendarbeit."

Hobbies und Interessen

Möchtest du auf deine Hobbies oder privaten Interessen eingehen, sollten sie zu der entsprechenden Stelle passen. Bist du beispielsweise ehrenamtlich aktiv, kann dies für eine Bewerbung im sozialen Bereich hilfreich sein. Solche Aktivitäten zeigen dem Unternehmen, dass du bereits erste Erfahrungen in der Branche gemacht hast, und du kein völliger Neuling bist. Auch sind Aktivitäten wie Teamsport in Bewerbungen oft ein Pluspunkt. Dadurch zeigst du, dass du ein Teamplayer bist und eher nicht zu den Eigenbrötlern gehörst. Gerade Softskills wie Teamfähigkeit, Sorgfalt und Organisationsfähigkeit haben bei den Unternehmen einen hohen Stellenwert. Zeige daher was dich auch persönlich ausmacht und belege stets deine Aussagen mit passenden Referenzen.

Beispiel:

- „Ich bin seit fünf Jahren Kapitän einer Handballmannschaft." (Dieses Hobby zeigt Organisationstalent und Führungsqualitäten.)

Abspann und Grußformel

Auch hier gilt es, wie bei der Einleitung, Standardformulierungen zu vermeiden. Sätze wie „Habe ich Ihr Interesse geweckt? Dann freue ich mich auf die Einladung zu einem Vorstellungsgespräch." wirken eher abgedroschen als innovativ. Dabei gilt es hier noch einmal das eigene Interesse an der Stelle zu betonen. Ist der Sitz des Unternehmens besonders interessant für dich, weil du gerne dort ansässig werden möchtest, kannst du dies hier zum Beispiel kurz erwähnen. Darauf folgt eine Anmerkung, dass du dich daher auf ein persönliches Gespräch sehr freuen würdest.

In manchen Stellenprofilen wird darum gebeten, eine Gehaltsvorstellung anzugeben. Dies solltest du dann auch auf jeden Fall tun und die Frage nicht umgehen. Bleibe dabei jedoch stets realistisch. Zu übertriebene Vorstellungen können den Personaler abschrecken, unterm Wert verkaufen solltest du dich jedoch auch nicht. Um auf

Nummer sicher zu gehen, solltest du dir Gehaltsstatistiken im Internet anschauen und dich danach orientieren.

Beispiel:

- „Da es mich wieder in meine Heimatstadt Münster zieht, freue ich mich sehr auf ein persönliches Vorstellungsgespräch mit Ihnen. Mit besten Grüßen aus Bottrop …"

Lebenslauf

Der Lebenslauf ist deine persönliche „Visitenkarte" und der wichtigste Bestandteil deiner Bewerbung. Hiermit legst du deinen schulischen und beruflichen Werdegang dar. Damit dient der Lebenslauf als Beleg für deine im Anschreiben erwähnten Referenzen. Elementar sind folgende Angaben:

- persönliche Daten
- Schulbildung
- erste berufliche Erfahrungen
- Studium / Berufsausbildung
- sonstige Kenntnisse und Qualifikationen
- Ehrenämter, Hobbies, persönliche Interessen
- Datum und Unterschrift (Vor- und Nachname)
- Lichtbild

Alternativ kannst du auch ein Deckblatt mit einem Lichtbild von dir für die Bewerbung erstellen. Ein Bild im Lebenslauf ist dann nicht mehr notwendig.

Persönliche Daten

Wichtig sind hier der Vor- und Familienname und deine Adressdaten. Außerdem solltest du deine Handynummer und eine seriöse E-Mail-Adresse (vorname.nachname@anbieter.de) angeben. Nicknamen in E-Mail-Adressen wirken unprofessionell. Weitere wichtige Angaben sind dein Geburtstag und -ort. Zudem sollte der Familienstand erwähnt werden, wobei junge ledige Bewerber dies nicht explizit erwähnen müssen.

Schulbildung

Hier listest du deine schulische Bildung unter Angabe der Jahreszahlen auf. Der Zeitraum muss ersichtlich sein, ebenso wie der Name und Sitz der Schule sowie der erworbene Abschluss.

Erste berufliche Erfahrungen

Auch hier erfolgt eine listenartige Aufzählung deiner beruflichen Stationen. Schreibe stichpunktartig auf, welche Tätigkeiten du jeweils ausgeübt hast.

Studium / Berufsausbildung

In diesem Abschnitt sind deine Berufsausbildung und oder dein Studium von Relevanz. Auch kannst du hier abgeschlossene Zusatzqualifikationen wie Weiterbildungen erwähnen.

Sonstige Kenntnisse und Qualifikationen

Erwähnen solltest du hier deine sprachlichen Kenntnisse sowie deine EDV-Kenntnisse. Notiere auch, auf welchem Niveau deine Kenntnisse einzuordnen sind (flüssig in Wort und Schrift, fortgeschritten etc.).

Ehrenämter, Hobbies, persönliche Interessen

Natürlich sollten deine persönlichen Interessen sowie Ehrenämter und Hobbies im Lebenslauf nicht fehlen, da du diese in deinem Anschreiben in Bezug zu der Stelle gesetzt hast. Doch von Relevanz sind nur die Punkte, die zu der Stelle passen.

Datum und Unterschrift

Das Datum und eine leserliche, von Hand gezeichnete Unterschrift dürfen am Ende des Lebenslaufes nicht fehlen.

Hilfsmittel 20: Fragebogen zur Bewerbung

Versetze dich bitte einmal ich die Lage eines sehr kritischen Personalers, der deine Bewerbungsunterlagen sichtet. Er sucht gerade nach Gründen, um dir eine Absage zu erteilen, da sich bereits gute Kandidaten auf die Stelle beworben haben. Lese dir deinen eigenen Lebenslauf in der Rolle des Personalers durch und stelle dir folgende Fragen:

- Welchen Eindruck macht der Lebenslauf? Gibt es bestimmte Lücken? Wird vielleicht versucht, etwas zu verstecken?

- Welche Erfahrungen könnten dem Bewerber noch fehlen? Auf welche Stellenanforderungen wurde im Lebenslauf nicht eingegangen?

- Welche Punkte in dem Bewerberprofil sprechen gegen ihn?

- Welchen Gesamteindruck macht die Bewerbung. Ist der Bewerber der Aufgabe gewachsen?

- Macht der Bewerber einen motivierten und qualifizierten Eindruck durch seine Unterlagen?

- Zeigt der Bewerber ein Interesse an dem Unternehmen und seinen Dienstleistungen, oder geht es im Anschreiben nur um ihn selbst?

Nach der Beantwortung dieser Fragen, wirst du sicherlich genügend Ansatzpunkte finden, um deine Bewerbungsunterlagen nochmals anzupassen.

Sobald du den Lebenslauf, das Anschreiben und die Nachweise individuell auf die Stelle zugeschnitten hast, kannst du die Bewerbung versenden. Die Zeit nach der Bewerbung kannst du gut überbrücken, um dich auf den Einstellungstest beziehungsweise das Vorstellungsgespräch vorzubereiten. Bereite dich gezielt durch Teilnahme an Seminaren oder anhand von Online-Kursen auf das Auswahlverfahren vor. In der Bewerbungsphase solltest du dir vornehmen, jede Woche mindestens eine Bewerbung zu versenden.

Hilfsmittel 21: Kommunikation und das 4-Ohren-Modell

Kommunikation ist im Berufsleben das A und O. Stelle deshalb immer wieder deinen eigenen Kommunikationsstil in Frage und lerne, wie und weshalb andere anders kommunizieren als du selbst.

Wenn Menschen eine Sache sagen, wird diese längst nicht von allen anderen Personen gleichermaßen verstanden. Das heißt im Detail: Aussagen werden von Menschen unterschiedlich wahrgenommen. Genau hier kommt das sogenannte 4-Ohren-Modell ins Spiel, welches auch als Vier-Seiten-Modell bekannt ist. Das 4-Ohren-Modell beschreibt, dass beim Übermitteln einer Nachricht immer Botschaften auf vier verschiedenen Ebenen übermittelt werden. Anders gesagt: Wer sich die Kommunikation und das 4-Ohren-Modell genauer ansieht, kann sich für sein tägliches Leben Vorteile zu Nutze machen.

Die unterschiedlichen Seiten einer Nachricht

Der Grundgedanke hinter diesem Modell liegt darin, dass eine Nachricht, egal ob schriftlich oder mündlich, immer aus vier Seiten besteht. Die da wären:

- Sachaspekt: die beschriebene Sache – worüber wird informiert?
- Selbstaussage: das, was über den Sprecher deutlich wird – was wird kundgegeben?
- Beziehungsaspekt: das, was über die Beziehung offenbart wird – wie stehen wir zueinander?
- Appell: das, was der Empfänger tun soll – wozu möchte ich dich veranlassen?

Im sachlichen Aspekt wird vom Sprecher also vermittelt, worum es in der Nachricht eigentlich geht. Hier kommt jetzt auch eines der vier Ohren ins Spiel, denn mit dem „Sach-Ohr" wird eine Nachricht vom Hörer auf die Kriterien Wahrheit, Relevanz und Hinlänglichkeit geprüft. Bei der Selbstaussage ist aus Sicht des Hörers darauf zu achten, was der Sprecher in seiner Nachricht über sich selbst preisgibt. Hier wird vom „Selbstoffenbarungs-Ohr" gesprochen.

Das dritte Ohr in diesem Modell kümmert sich um die Beziehungsebene. Der Sprecher kann durch seinen Tonfall oder die Körpersprache zum Beispiel eine klare Beziehungsebene ausdrücken. Genau auf diese fokussiert sich das „Beziehungs-Ohr“. Das vierte Ohr, das „Appell-Ohr“ fragt sich nach einer Mitteilung wiederum, was nun vom jeweiligen Empfänger erwartet wird.

Beispiel für die unterschiedlichen Seiten

Friedemann Schulz von Thun gilt als Erfinder des Vier-Seiten-Modells und hat das Ganze mit Hilfe einer Beispielsituation verdeutlicht. Diese ist zwar überspitzt, zeigt dafür aber sehr gut mögliche Missverständnisse auf. Als Ausgangslage dient hier ein Abendessen, bei welchem der Mann Kapern in seiner Soße entdeckt. Seine Frage: „Was ist das Grüne in der Soße?“

- Sachebene: Da ist etwas Grünes.
- Selbstoffenbarung: Ich weiß nicht, was es ist.
- Beziehung: Du wirst es wissen.
- Appell: Sag mir, um was es sich handelt.

Die Frau allerdings nimmt im Beispiel von Friedemann Schulz von Thun etwas Anderes auf:

- Sachebene: Da ist etwas Grünes.
- Selbstoffenbarung: Das Essen schmeckt mir nicht.
- Beziehung: Du kannst nicht kochen.
- Appell: Das Grüne nächstes Mal weglassen.

Fazit zum 4-Ohren-Modell

Weshalb das 4-Ohren-Modell in der Welt zahlreiche Anhänger gefunden hat, liegt auf der Hand. Die genannte Beispielsituation ist keinesfalls vollkommen aus der Luft gegriffen, sondern kann fast als reale Lebenssituation bezeichnet werden. Hier wird deutlich, dass die vier Ebenen einer Nachricht von den Personen vollkommen unterschiedlich bewertet werden. Einzig und allein die Sachebene ist hier in beiden Fällen identisch. Das bedeutet gleichzeitig auch, dass die einzelnen Ebenen von den Personen vollkommen unterschiedlich gewichtet werden. Ein generelles Kommunikationsproblem liegt also vor, welches sich mit Hilfe dieses Modells schnell aufdecken ließe.

Vermieden werden derartige Missverständnisse natürlich vor allem durch klar formulierte Angaben, welche keine unterschiedliche Interpretation offenlassen. Ganz ausschließen lässt sich dies allerdings nicht. Eine solche Situation kann zum Beispiel auch im Büro auftreten, wenn sich der Chef nach dem Fortschritt eines Projektes erkundigt. Möglicherweise wollte er sich hier nur einen Überblick verschaffen, auch wenn der Angestellte dies vielleicht als Kritik aufnimmt und sich unter Druck gesetzt fühlt.

Wie leicht sich derartige Missverständnisse umgehen lassen, dürfte bei einer passenden Kommunikation schnell deutlich werden. Aus diesem Grund wird das 4-Ohren-Modell häufig in Diskussionen eingesetzt, wo sich mit diesen Hinweisen Streitigkeiten schnell aus dem Weg räumen lassen. Du kannst das Ganze natürlich auch in einem Test durchspielen, indem du mit Freunden verschiedene Sätze auf ihre vier Ebenen hin untersuchst.

Weitere nützliche Informationen findest du auf dieser Webseite:
4-ohren-modell.plakos.de

Hilfsmittel 22: Proaktiv sein

Der Begriff der Proaktivität wurde vom Psychologen Viktor Frankl in den 1950er Jahren maßgeblich geprägt. Für ihn ist mit Proaktivität, die selbstbestimmte, vorausplanende und bewusste Steuerung des eigenen Verhaltens gemeint, unabhängig davon, wie schwierig die äußeren Reize und Einflüsse sind. Frankl sah die Proaktivität als eine „Freiheit zu wählen", welche jeder von uns hat, bevor er auf Reize von außen auf eine bestimmte Art und Weise reagiert.

Im proaktiven Modell von Stephen R. Covey von 1989 wird die Proaktivität als der Raum zwischen Reiz und Reaktion definiert:

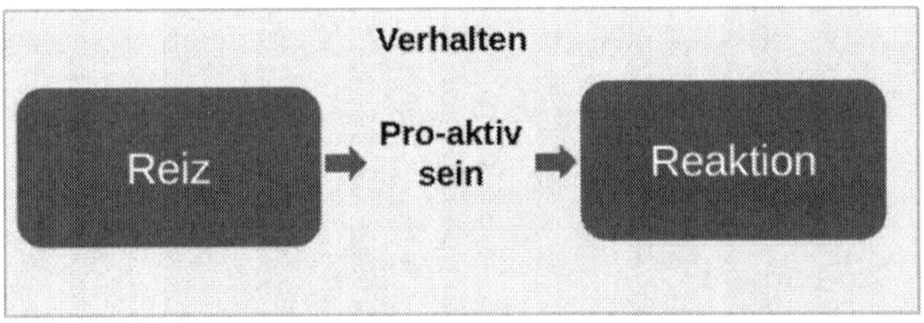

Unsere Proaktivität wird laut Covey beeinflusst durch eine gute Selbstwahrnehmung, Vorstellungskraft, Gewissen und durch einen freien Willen.

Aktivitäten, um deine Proaktivität zu erhöhen:

- Achte auf deine Sprache und streiche Formulierungen wie „ich muss", „ich kann nicht", „hätte", „wäre da" aus deinem Wortschatz.

- Überlege dir Situationen, in denen du eher reflexhaft reagierst. Was könnte eine proaktive, kreative, bewusste, gewissenhafte Antwort auf diesen Reiz sein? Entscheide dich in Zukunft für eine bessere Reaktion. Lass dir gerne Zeit, bevor du eine Entscheidung fällst

- Konzentriere deine Äußerungen und dein Handeln auf deinen Einflussbereich. Wenn du über etwas nachdenkst, dann frage dich zuerst: Kann ich hier etwas verändern? Und wenn ja, wie?

- Blende alles aus, was du nicht ändern kannst. Denke dabei an das Gelassenheitsgebet von Reinhold Niebuhr, das auch von den Anonymen Alkoholikern verwendet wird: „Gott, gib mir die Gelassenheit, Dinge hinzunehmen, die ich nicht ändern kann, den Mut, Dinge zu ändern, die ich ändern kann, und die Weisheit, das eine vom anderen zu unterscheiden."

Hilfsmittel 23: Training für Einstellungstests / AC

Generell unterscheiden sich Einstellungstests dahingehend, in welcher Branche und für welches spätere Einsatzgebiet man sich bewirbt. Die Länge und die Aufgaben lassen sich nicht grundsätzlich verallgemeinern. Trotzdem gibt es oft gewisse Ähnlichkeiten im Ablauf. In der Regel überprüfen Unternehmen die Eignung ihrer Kandidaten in Gruppen. Es kann also sein, dass Bewerber schon beim Auswahlverfahren auf spätere Kollegen treffen. Die Gruppen werden typischerweise von mehreren Personen geleitet. Hierbei handelt es sich oft um spätere Vorgesetzte und Personalentscheider. In manchen Einsatzgebieten nehmen zudem Psychologen teil.

Nachdem man sich vorgestellt hat, werden die schriftlichen Tests ausgeteilt oder die PC-Arbeitsplätze zugewiesen. Umfang und Aufgaben schwanken je nach Arbeitgeber und Branche. Im Grunde genommen lässt sich der Test oft wie eine Abschlussprüfung in der Schule betrachten. So werden Inhalte aus verschiedenen Schulfächern wie Mathe oder Deutsch, sowie die Allgemeinbildung (Geschichte, Politik, Erdkunde etc.) überprüft. Dazu kommt mitunter ein spezieller Prüfungsbereich, der sich nach dem Einsatzgebiet richtet.

Neben schriftlichen Aufgabenstellungen und Tests am PC beinhaltet beinahe jedes Auswahlverfahren eine oder mehrere Gruppenübungen wie Rollenspiele, Case Studies, Postkorbübungen, Planspiele und Präsentationen. Häufig müssen Bewerber bereits zu Beginn sich der Gruppe persönlich vorstellen, wobei einem für diese Präsentation nicht mehr als zehn Minuten zur Verfügung stehen. Näheres über die Vorbereitung auf das Assessment Center findest du in unseren Online-Paketen.

Um den Einstellungstest erfolgreich zu bestehen, sollten einige Dinge beachtet werden. Wichtig ist beispielsweise das persönliche Auftreten. Es handelt sich beim Einstellungstest, im Gegensatz zu einer Abschlussprüfung, nicht um einen reinen Wissenstest. Um einen guten Eindruck zu hinterlassen, empfiehlt sich daher ein gepflegtes Äußeres. Zudem sollten Bewerber sich bei der Vorstellung freundlich und höflich zeigen.

Darüber hinaus unterscheidet sich ein Eignungstest von einer Abschlussprüfung auch in Hinblick auf das Zeitmanagement. Eine Prüfung ist zeitlich darauf ausgelegt, dass alle Fragen beantwortet werden können. Bei einem Eignungstest ist dies nicht notwendigerweise der Fall. Oft ist die Zeit absichtlich zu knapp bemessen. Auf diese Weise sollen das Zeitmanagement, die Stressresistenz und die Frustrationstoleranz überprüft werden. Nicht ohne Grund beobachten in der Regel gleich mehrere Verantwortliche des Unternehmens den Test. Bewerber sollten sich daher nicht zu lange mit einer Frage oder sogar einem ganzen Prüfungsbereich aufhalten. Hat man die Antwort nicht sofort, lohnt es sich, die Aufgabe zu überspringen und mit anderen Aufgaben weiterzumachen.

Optimale Vorbereitung mit Online-Inhalten

Es ist immer sinnvoll, sich auch im Internet über den Einstellungstest des eigenen Berufs zu informieren. Auf www.plakos.de und dem zugehörigen YouTube Kanal – Plakos (per Suchfunktion), der mittlerweile Aufrufe im sechsstelligen Bereich vorzuweisen hat, findest du viele Informationen zu verschiedenen Berufen und kostenfreie Tests zur Vorbereitung. In den Kommentaren tauschen sich Bewerber oft untereinander aus und erzählen von eigenen Erfahrungen.

Das Team von Plakos steht bei Fragen auch direkt über den Facebook Messenger auf www.facebook.com/plakosDE/ zur Verfügung. Über die Facebook-Seite werden stets Updates über Assessment Center gepostet oder neue kostenfreie Tests bereitgestellt.

Wir empfehlen dir außerdem unsere kostenlosen Facebook-Gruppen zum Austausch mit tausenden anderen Bewerbern:

Polizei und Zoll: facebook.com/groups/polizeieinstellungstest

Bundeswehr: facebook.com/groups/bundeswehreinstellungstest

Feuerwehr: facebook.com/groups/einstellungstestfeuerwehr

Plakos Online-Bewerber-Training

Wir bieten für besonders motivierte Bewerber ein spezielles Online-Bewerber-Training auf www.plakos-akademie.de an. Im Online-Bewerber-Training kannst du über 50 verschiedene Testtypen und über 1.000 Fragen und Aufgaben online direkt in deinem Browser üben. Das Programm funktioniert auf jedem internetfähigen Endgerät – also auch auf deinem Smartphone!

Im Vergleich zu Büchern oder E-Books wird dir direkt angezeigt, ob du eine Aufgabe richtig oder falsch beantwortet hast. Deine Vorbereitung wird so noch effektiver. Ferner stehen dir im Mitgliederbereich über zwei Stunden an Videomaterial speziell zu den Themen Vorstellungsgespräch und Assessment Center zur Verfügung. Profitiere außerdem von Erfahrungsberichten echter Bewerber in Form von Texten, Videos und Podcasts im Mitgliederbereich der Plakos Akademie.

Da du bereits dieses Buch erworben hast, möchten wir dir an dieser Stelle einen **Gutschein für unsere Online-Programme in Höhe von 10 Euro** schenken.

Die folgende Kurzanleitung beschreibt, wie du den Gutschein einlösen kannst:

1. Öffne den Browser auf deinem Smartphone, Tablet oder deinem Desktopcomputer.

2. Gib die folgende URL in die Adresszeile ein: www.plakos-akademie.de

3. Wähle ein zu dir passendes Online-Trainingsprogramm.

4. Gib am Ende des Bestellprozesses den folgenden Gutscheincode ein:

BuchRabatt10

Bitte beachte, dass der Gutscheincode erst ab einem Bestellwert von 30 Euro genutzt werden kann. Alle weiteren Informationen findest du auf der genannten Website.

Außerdem kannst du mit der Plakos-Testtrainer-App für deinen Einstellungstest üben. Die Testtrainer-App kostet 9,90 Euro. Du findest sie im Google Play Store oder im App Store von Apple.

Bei Fragen kannst du gerne eine E-Mail an support@plakos.de senden. Antworten auf häufig gestellte Fragen findest du auch auf der Webseite plakos-akademie/kundenservice/.

Hilfsmittel 24: Checkliste zur Realisierung

- ○ Ich weiß, welche Arbeitgeber / Hochschulen ich kontaktieren will.
- ○ Ich habe mein Bewerbungsprofil (Lebenslauf, Profile im Web) perfekt ausgearbeitet.
- ○ Ich bin proaktiv und bewerbe mich initiativ oder auf ausgeschriebene Stellen.
- ○ Ich spreche mögliche Arbeitgeber direkt an.
- ○ Ich bin auf das Auswahlverfahren gut vorbereitet (Einstellungstests, Assessment Center und Vorstellungsgespräche).
- ○ Ich habe einen Bewerbungsplan und verschicke mindestens eine Bewerbung jede Woche.

Wie geht es nun weiter?

Dieses Buch hilft dir mit Fragestellungen und Checklisten in jeder Phase deiner Berufswahl. Durch die Anwendung der Übungen gewinnst du automatisch mehr Sicherheit und gehst selbstbewusster an die Sache heran.

Ergänzend dazu laden wir dich ein, an unserem Online-Berufswahl-Kurs „Mit vier Schritten zum Traumberuf" teilzunehmen. Finde heraus, wie du dein Ziel, den perfekten Beruf zu finden, erreichen kannst.

Im Vier-Schritte-Berufswahl-Kurs findest du weitere Checklisten sowie interaktive und authentische Fragebögen und über zwei Stunden Videomaterial zu den Themen Berufsorientierung, Planung, Entscheidung und Persönlichkeitsentwicklung. Starte jetzt und klicke einfach auf bit.ly/berufswahl-kurs, um mehr zu erfahren.

Brauchst du individuelle Unterstützung und möchtest du anhand von einem Online-Kurs beim Berufseinstieg begleitet werden? Dann spreche uns an und wir liefern dir genauere Informationen zu unserem neuen Programm.

Schreibe uns an: support@plakos.de

Anhang: 16 Temperamenttypen

ISTP Handwerker

Das Naturell der Handwerker (ISTP) zeigt sich am deutlichsten in ihrer Handhabung von Werkzeugen im weitesten Sinne des Wortes. Sie sind vom Temperament Jäger. Sie verstehen es, mit jeder Art von Werkzeug umzugehen vom kleinsten Bohrer bis zum Überschallflugzeug. Vom Kindesalter an werden Handwerker von Werkzeugen auf fast magische Weise angezogen, sie müssen einfach damit hantieren. Viele Piloten wussten bereits im Alter von fünf Jahren, dass sie diesen Beruf ergreifen würden. Handwerker neigen zu Aktivitäten, die ihnen die Benutzung von Werkzeugen gestatten, zum Beispiel das Führen und Bedienen von Fahrzeugen und Maschinen. Wird ein Werkzeug ganz gleich ob Skalpell oder Traktor mit fast unglaublicher Präzision bedient, so ist der Bedienende wahrscheinlich ein Handwerker. Natürlich benutzen auch andere Typen Instrumente und Maschinen, jedoch nicht mit der Virtuosität der Handwerker. Man könnte diesen Typ auch „Sportler" nennen.

Handwerker ISTP sind mit zirka sechs Prozent in der Bevölkerung durchschnittlich stark vertreten.

Beste Partner: Handwerker und Organisator

Mögliche Berufsgruppen: ISTP Handwerker sind sehr abenteuerlustig. Alle Berufsgruppen, die mit viel Aktion verbunden sind, passen optimal zu ihnen. Ob auf der Baustelle, im Motorsport oder in einem Betrieb. Der ISTP ist technisch sehr versiert, und erfasst schnell alle relevanten Details einer Aufgabe. Das verschafft ihm einen deutlichen Vorsprung in den handlungsorientierten Aufgaben gegenüber seinen Mitarbeitern. Der ISTP Handwerker ist ein individualistischer Macher, er ist selbstbewusst und unabhängig. Für diesen Persönlichkeitstyp ist es wichtig in flachen Hierarchien zu arbeiten, bei denen sie möglichst viel Freiraum genießen können. Dafür eignen sich kleine und mittelständische Unternehmen meist ideal. Vorschriften sind den ISTP Typen ein Dorn im Auge. Bei den Kollegen zählt für den ISTP Kompetenz. Titel und feste Rangfolgen interessieren ihn recht wenig.

Geht ein ISTP seiner Tätigkeit nach, so zählt für ihn am Ende das Ergebnis. Der Weg dorthin ist nicht vorgegeben, also ist arbeiten nach

Plan nicht das Richtige für ihn, genauso wenig wie arbeiten nach Zeitvorgabe. Langfristige Konzentration auf feste Ziele ist nicht immer einfach, da sich die ISTP leicht ablenken lassen. Sie bleiben immer auf dem Boden der Tatsachen und hinterfragen gerne bestimmte Ansichten. Ihre Erfahrung ist ihnen wichtig und ein guter Rückzugsort. Somit sind Aufgaben in der Produktion für Handwerker-Typen gut geeignet. Dagegen liegen ihnen innovative Aufgaben in der Forschung und Design eher nicht.

Mögliche Vertreter: Michael Schumacher wird zu ihren Vertretern gezählt.

Eigenschaften: rational, pragmatisch, reserviert, subjektiv, sachlich, spontan, lebhaft, vernünftig, zurückhaltend, ruhig, realistisch und leidenschaftlich

Passender Ausbildungsberuf: Elektroniker/in für Energie- und Gebäudetechnik, IT Systemelektroniker/in, Anlagenmechaniker/in, Konstruktionsmechaniker/in, Elektroniker/in für Gebäude- und Infrastruktursysteme

Passender Studiengang: Berufssoldat/in, Pilot/in, Verkehrsflugzeugführer/in, Metallbauer/in, Maschinenbauingenieur/in

ISFP Komponist

Komponist oder Genießer (ISFP) ist natürlich kein richtiger Beruf, sondern eher das Temperament vieler Menschen. Sie sind vom Temperament Jäger. Sie leben im Einklang mit ihren Sinnen und haben ein sicheres Gefühl dafür, was in allen Arten von Kunstwerken annehmbar ist und was nicht. Sie haben eine außergewöhnliche Fähigkeit, mit feinsten Nuancen in Farbe, Ton, Struktur, Aroma und Geschmack zu arbeiten. ISFPs investieren oft viele einsame Stunden in ihr künstlerisches Talent. Sie handeln impulsiv, im Hier und Jetzt, mit wenig oder gar keiner Planung oder Vorbereitung. Genießer werden vom Vorgang des künstlerischen Schaffens ergriffen und wie von einem Wirbelwind mitgerissen. Ob sie malen oder eine Statue meißeln, tanzen oder Schlittschuh laufen, komponieren oder ein Rezept entwerfen – sie tun es einfach, weil sie müssen. Der schöpferische Akt bricht aus ihnen hervor.

ISFPs sind mit zirka fünf Prozent der Bevölkerung eher selten vertreten.

Beste Partner: ISFP Komponist und Unterhalter.

Mögliche Berufsgruppen: Komponisten haben ein besonderes Talent für handwerkliche Dinge. Kein anderes Temperament erfüllt seine Arbeit auf so leidenschaftliche Art und Weise wie die Komponisten. Das macht sich besonders an der Vielzahl an Künstlern bemerkbar, welche diesem Temperament-Typen zuzuordnen sind. ISFPs haben ein sehr gutes Gespür für Farben, Linien, Töne, Geschmack, Gerüche und alle anderen die Sinne betreffenden Dinge. Somit sind für Komponisten die besten Berufsaussichten im Kunstgewerbe, Handwerk und Lebensmittel-Bereich. Die sensiblen Macher bleiben immer auf dem Boden der Realität, alltägliche Dinge bereiten ihnen besondere Freude, komplexe und theoretische Dinge eher weniger. Somit sind die Bereiche Wissenschaft, Forschung und Entwicklung eher weniger für den ISFP geeignet. Dafür das Handwerk, Kunst, Produktion, Vertrieb umso mehr.

Mögliche Vertreter: Boris Becker, Beethoven, Toscanini, Rembrandt werden zu ihren Vertretern gezählt.

Eigenschaften: pragmatisch, reserviert, human, persönlich, subjektiv, sachlich, spontan, lebhaft, zurückhaltend, ruhig, einfühlsam und leidenschaftlich

Passender Ausbildungsberuf: Verkäufer/in, Maskenbildner/in, Polizist/in, Maurer/in, Maler/-in und Lackierer/-in

Passender Studiengang: Erziehungswissenschaftler/in, Tierarzt/Tierärztin, Soziologe/in, Sozialpädagoge/in, Berufssoldat/in

ESFP Unterhalter

Unterhalter (ESFP) sind sehr offene, herzliche aber auch gefühlvolle Genossen. Sie sind vom Temperament Jäger. Es gibt viele verschiedene Arten von Unterhalter (Zauberer, Alleinunterhalter, Komiker, usw.). Ihnen allen ist gemeinsam, dass sie als Darsteller immer dafür sorgen, dass auf keinen Fall Langeweile aufkommt. Ihre wichtigsten Eigenschaften sind Herzlichkeit und Großzügigkeit. ESFP-Typen sind freundlich, kontaktfreudig und begeisterungsfähig. Sie arbeiten effizient, wenn sie mit ihrer Vitalität und ihrem Humor etwas bewegen können. Teamarbeit mit ihnen macht Spaß, weil sie mit gesundem Menschenverstand, flexibel und spontan an Aufgaben herangehen. Als herzliche und großzügige Menschen helfen sie gerne anderen.

Aufgrund seiner Redegewandtheit und seiner Fähigkeiten sich selbst stets in einem positiven Licht darzustellen, könnte man diesen Typen auch „Politiker“ oder „Anführer“ nennen. Oder auch „Lebemann“ da er stets alles im Leben erleben und genießen will.

Unterhalter-Typen sind mit zirka sechs Prozent der Bevölkerung durchschnittlich stark vertreten.

Beste Partner: Unterhalter, Organisator, Komponist.

Mögliche Berufsgruppen: Die Arbeit von Unterhalter-Typen sollte auf keinen Fall einsam oder wenig abwechslungsreich sein. Arbeiten, bei denen die Unterhalter „unter Menschen“ sind, eignen sich gut. Teamarbeit ist an dieser Stelle das Stichwort. Tätigkeiten im Service, in der Öffentlichkeitsarbeit, bei der Polizei, im Einzelhandel, im Marketing und Vertrieb sind sehr gut geeignet. Viele und wechselhafte Kontakte mit anderen stellen für den Unterhalter überhaupt kein Problem dar. Sie können am besten gute Laune verbreiten und ein negatives Betriebsklima optimal bekämpfen. Harmonie zwischen den Kollegen ist ihnen sehr wichtig. Im Gegensatz zum Handwerker ist zu viel Routine nicht gut für den Unterhalter-Typen. Abwechslung bei der Arbeit sollte schon sein, schließlich kann der Unterhalter erst dann seine Flexibilität optimal ausspielen. Er ist ein lässiger Machertyp.

Mögliche Vertreter: Elvis wird zu ihren Vertretern gezählt.

Eigenschaften: pragmatisch, kommunikativ, aufgeschlossen, human, persönlich, subjektiv, sachlich, spontan, kontaktfreudig, lebhaft, einfühlsam und leidenschaftlich

Passender Ausbildungsberuf: Verkäufer/in, Einzelhandelskaufmann/frau, Sport- und Fitnesskaufmann/frau, Polizist/in, Maurer/in

Passender Studiengang: Erziehungswissenschaftler/in, Tierarzt/Tierärztin, Soziologe/in, Sozialpädagoge/in, Berufssoldat/in

ESTP Organisator

Organisatoren (ESTP) sind Frauen und Männer der Tat. Ist in einer Gruppe von Menschen ein Organisator, so werden Dinge in Bewegung gesetzt: Die Lichter gehen an, die Musik erklingt, das Spiel beginnt. Tatsächlich ist alles auch ein Spiel für den Organisator, den hervorragenden Unternehmer, Diplomaten, Vermittler oder Unterhändler par excellence.

Sie sind vom Temperament Jäger. Sie stellen durch eine effiziente Organisation sicher, dass die Mitarbeiter/innen Klarheit über ihre Aufgaben, Kompetenzen und Verantwortlichkeiten haben und die gesteckten Ziele auf wirtschaftliche Art und Weise verwirklicht werden können.

Ein Organisator besitzt eine fast unheimliche Beobachtungsgabe im Hinblick auf die Motivationen anderer. Mit einer Art Hypersensibilität fangen sie den kleinsten Wink oder Fingerzeig auf, der anderen Typen sicher entgeht. Sie verstehen es auch meisterhaft, anhand dieser Beobachtungen andere zu überzeugen. Alles Handeln der Organisatoren ist auf ihr Publikum ausgerichtet. Geistreich, klug und zum Scherzen aufgelegt, scheinen sie über ein großes Einfühlungsvermögen zu verfügen, was aber durchaus nicht der Fall ist. Vielmehr sind sie sich scharfsinnig der kleinsten Zeichen anderer bewusst, sodass sie stets um einige Längen voraus sind, wenn es darum geht, den Standpunkt eines anderen einzuschätzen. Organisatoren wissen aus solchen Informationen für ihre Zwecke Vorteil zu ziehen.

Offenbar besitzen sie Nerven wie Stricke, denn sie verwickeln sich in Dinge, die anderen als selbstmörderisches äußerstes Risiko erscheinen. Andere Typen finden dieses Verhalten meist anstrengend und erschöpfend, Organisatoren dagegen fühlen sich durch ihr Leben am Rande einer Katastrophe angeregt. Sie sind unbarmherzige Pragmatiker und bieten häufig den Zweck als Rechtfertigung für jedes als notwendig erachtete Mittel an.

ESTPs stellen mit zirka fünf Prozent der Bevölkerung einen knapp durchschnittlich vertretenen Typen dar.

Beste Partner: Organisator, Unterhalter, Handwerker und Erfinder

Mögliche Berufsgruppen: Organisatoren mögen keine langen Reden. Sie stehen für Taten, statt Worte. Es sind hervorragende Vermittler oder Krisenmanager. Sie schaffen es, verschiedene Interessensgruppen an einen Tisch zu setzen und eine gemeinsame Lösung zu erarbeiten. Genau diese Fähigkeit wird oftmals von Unternehmern, oder Politikern erwartet, weshalb viele Menschen mit diesem Typus sich in der Politik oder Wirtschaft behaupten können. Weiterhin haben ESTP-Typen ein verkäuferisches Talent, weshalb viele ESTPs im Vertrieb ausfindig gemacht werden können. ESTP sind energische Machertypen, sie sind charmant und stecken voller Energie.

Mögliche Vertreter: Madonna wird zu ihren Vertretern gezählt.

Eigenschaften: rational, pragmatisch, kommunikativ, aufgeschlossen, subjektiv, sachlich, spontan, kontaktfreudig, lebhaft, vernünftig, realistisch und leidenschaftlich

Passender Ausbildungsberuf: IT Systemelektroniker/in, Verkäufer/in, Mechatroniker/in, Elektroniker/in für Energie- und Gebäudetechnik, KFZ-Mechatroniker/in

Passender Studiengang: Berufssoldat/in, Pilot/in, Verkehrsflugzeugführer/in, Betriebswirt/in, Personalberater/in, Beamter/in Gehobener Dienst Kriminaldienst

ISTJ Inspektor

Inspektoren (ISTJ) sind beruflich und privat verlässlich, pflichtbewusst, ungewöhnlich ausdauernd und geduldig, wenn es um ihre eigene Arbeit und um ihre Mitwirkung bei den Abläufen innerhalb einer Institution geht. Sie sind vom Temperament Bürger. Inspektoren sind verantwortungsbewusst bis ins Mark und lieben es, wenn auch die anderen verlässlich sind, ihre Pflichten kennen, den Richtlinien folgen und im Rahmen der Regeln arbeiten. Inspektoren fühlen sich verantwortlich, dass Regeln befolgt und Gesetze respektiert werden. Sie achten darauf, dass Güter und Waren geprüft, Qualitätsanforderungen erfüllt und Terminpläne eingehalten werden, dass Ressourcen in ausreichender Qualität und Menge zur Verfügung gestellt werden, wann und wo sie gebraucht werden.

Inspektoren können kompromisslos die Einhaltung der Regeln am Arbeitsplatz einfordern und sie zögern nicht, Unregelmäßigkeiten an die zuständigen Stellen zu berichten. Darum werden sie oft als hartherzig und gemütskalt verkannt, denn die Leute übersehen ihre guten Absichten und ihre Verletzlichkeit durch Kritik. Und weil Inspektoren in der Regel von ihrer Inspektionstätigkeit wenig Aufheben machen, bleibt das Engagement in ihrer Arbeit unbemerkt und unterschätzt. Man könnte diesen Typ auch „Administrator" nennen.

Mit zirka 15 Prozent der Bevölkerung sind ISTJ die am häufigsten vorkommenden Typen.

Beste Partner: Beschützer und Direktor

Mögliche Berufsgruppen: Für den Inspektor-Typ sind Details und Gründlichkeit sehr wichtig. Deshalb sind ISTJ besonders in der Qualitätssicherung, im Labor und Prüfungswesen gefragt. Aber nicht nur im technischen Bereich, besonders im kaufmännischen Bereich werden ihre Qualitäten sehr geschätzt. In der Wirtschaftsprüfung, Steuer- und Bilanzprüfung kommen die Geschicke der ISTJ sehr gut zum Einsatz. Komplexes Zahlenmaterial stellt für sie kein Problem dar, es ist mehr eine Herausforderung für sie. Im Beruf strahlen sie Verantwortungsbewusstsein, Zuverlässigkeit und Standfestigkeit aus. Der ISTJ ist ein verlässlicher Realist, ein gegebenes Versprechen ist bei ihm sehr viel Wert. Ordnung und Disziplin schätzt der ISTJ sehr, deshalb sind Hierarchien wie die in einem Großkonzern kein Problem für ihn. Aber auch in der Verwaltung fühlt er sich wohl, denn dort funktioniert alles nach Plan. Zu viel Konversation mit anderen Kollegen strengt den ISTJ oft an, deshalb sind in sich geschlossene Aufgabenbereiche für ihn optimal. Privates und Berufliches wird strikt voneinander getrennt, zu viel Vermischung vom Privaten mit Beruflichen geht dem ISTJ auf die Nerven.

Mögliche Vertreter: Angela Merkel wird zu ihren Vertretern gezählt.

Eigenschaften: rational, pragmatisch, reserviert, vorausplanend, subjektiv, sachlich, vernünftig, organisiert, zurückhaltend, ruhig, realistisch und verantwortungsbewusst

Passender Ausbildungsberuf: Steuerfachangestellte/r, IT Systemelektroniker/in, Elektroniker/in für Energie- und Gebäudetechnik, Verwaltungsfachangestellte/r, Elektroniker/in für Gebäude- und Infrastruktursysteme

Passender Studiengang: Volkswirt/in, Betriebswirt/in, Personalberater/in, Metallbauer/in, Wirtschaftsingenieur/in

ESFJ Gastgeber

Gastgeber Typen (ESFJ) sind sehr gesellig, begeisterungsfähig, hilfsbereit und engagiert. Sie sind vom Temperament Bürger. Sie wenden gern viel Zeit und Energie auf, um die Bedürfnisse anderer zu erfüllen und die Wohlfahrt und Gesundheit der Menschen, die ihnen am Herzen liegen, sicherzustellen. Freundliche soziale Dienstleistung ist eine Schlüsseleigenschaft der Gastgeber; sie sind die großen Förderer gemeinnütziger Institutionen wie Schulen, Kirchen, soziale Klubs und Bürgervereinigungen. Gastgeber sind sehr kooperativ und verstehen es auch, Teamarbeit unter ihren Mitarbeitern zu fördern und aufrecht zu erhalten. Sie eignen sich ausgezeichnet als Vorsitzende auf Bällen, Banketten, Klassentreffen, Wohlfahrtsveranstaltungen usw., wirken hervorragend als Zeremonienmeister und sprechen mit Leichtigkeit und Selbstvertrauen in der Öffentlichkeit.

ESFJ stellen mit zirka neun Prozent der Bevölkerung einen zahlreichen Typen. Es gibt mehr weibliche als männliche ESFJ.

Beste Partner: Direktor und Beschützer

Mögliche Berufsgruppen: Bei der Berufswahl entscheiden sich viele für die Dienstleistungsbranche. Sie verstehen sehr gut die Bedürfnisse der Menschen und setzen sich gerne für sie ein. Somit ist der ESFJ-Typ ein optimaler Verkäufer, der nicht nur das Produkt, sondern auch seine Persönlichkeit gut zu verkaufen weiß. Die kaufmännischen Berufe eignen sich für den ESFJ besonders gut, da er oft nicht nur mit guter Menschenkenntnis, sondern auch mit Zahlenverständnis glänzt. ESFJ sind fürsorgliche Realisten, die bei anderen ziemlich beliebt sind. Sie sind zuverlässig und hilfsbereit und kümmern sich aufrichtig um die Probleme der anderen. Sie arbeiten stets daran, die eigene und die Lebensqualität der anderen zu verbessern. Der direkte Kontakt zu den Menschen ist ihnen sehr wichtig, deshalb lieben sie Teamarbeit. Arbeiten, die Spezialisten-Fähigkeiten erfordern, liegen ihnen nicht. Dazu zählen rein technische Berufe. Viel lieber beschäftigen sie sich mit Managementaufgaben, die Kooperation und Kommunikation mit anderen voraussetzen. Sie werden von den Kollegen in der Regel sehr schnell akzeptiert und als wichtiger Teamplayer wahrgenommen.

Mögliche Vertreter: Mario Barth wird zu ihren Vertretern gezählt.

Eigenschaften: pragmatisch, kommunikativ, aufgeschlossen, vorausplanend, human, persönlich, subjektiv, sachlich, kontaktfreudig, organisiert, einfühlsam und verantwortungsbewusst

Passender Ausbildungsberuf Verkäufer/in, Einzelhandelskaufmann/-frau, Hotelfachfrau/-mann, Steuerfachangestellte/r, Fachverkäufer/in im Lebensmittelhandwerk

Passender Studiengang: Erziehungswissenschaftler/in, Tierarzt/Tierärztin, Soziologe/in, Sozialpädagoge/in, Realschul-Lehrer/in

ESTJ Direktor

Direktor Typen (ESTJ) engagieren sich stark in der Gesellschaft und investieren viel Zeit und Energie in ihrer Gemeinde, in Schulen, Kirchen, Fabriken und Bürgergruppen, in Serviceklubs, Ortsgruppen und verschiedenen Vereinigungen. Sie sind vom Temperament Bürger. Sie übernehmen gern verantwortungsvolle Leitungsaufgaben und geben präzise und klare Anweisungen. Sie sind kooperativ und erwarten das Gleiche von Mitarbeitern. Direktor Typen sind gut in der Erstellung von Zeitplänen, Tagesordnungen, Bestandsaufnahmen usw. und bevorzugen bewährte und genaue Ablaufverfahren.

Direktor Typen stehen mit beiden Füßen fest auf dem Boden und würden es gern sehen, dass andere, die ihrer Obhut anvertraut sind – Mitarbeiter, Ehegatten, Kinder – ebenso realistisch und praktisch sind. Sie haben kein Problem mit der bewertenden Beurteilung anderer. Direktor Typen sind unglaublich fleißig und initiativ. Schon als Kinder sind sie arbeitsam und respektieren ihre Eltern als Autoritätspersonen. In der Schule erweisen sie sich als pflichtbewusst, erledigen gewissenhaft ihre Hausaufgaben und werden oft mit Leitungs- und Überwachungsaufgaben betraut. Und wenn sie erwachsen werden und Verantwortung in Beruf und Familie übernehmen, werden ihr Fleiß und ihre Ausdauer nur noch größer. Man könnte diesen Typen auch „Polizist“ nennen, da er oft dem Klischeebild des guten Polizisten entspricht.

Sie sind mit zirka zehn Prozent der Bevölkerung zahlreich vertreten. Es gibt mehr männliche als weibliche ESTJs.

Beste Partner: Inspektor

Mögliche Berufsgruppen: ESTJs lieben die Ordnung und tun alles, um sie in einem Unternehmen zu bewahren. Sie steuern die Abläufe, verfassen die Arbeitsanweisungen und sorgen dafür, dass Regeln eingehalten werden. Ihnen ist es besonders wichtig, dass feste Bestimmungen eingehalten werden. Mit anderen können sie schon mal ungeduldig werden, wenn ihre Ausführung nicht den Vorgaben entspricht. In Großkonzernen und in der Verwaltung fühlen sich die ESTJ besonders wohl. Direktoren sind zielstrebige Realisten, die gesellig, aber auch unternehmungslustig sind. Pflichtbewusstsein und Gewissenhaftigkeit gehört zu seinen Stärken. Was dieser Typus nicht mag, sind unvorhergesehene Ereignisse, diese sind für ihn nichts als Risiken, die immer abgesichert werden sollten. Schnelle und sichtbare Ergebnisse sind für ihn wichtig, langwierige Prozesse wie in der Forschung dagegen liegen ihm nicht. ESTJ bekleiden nicht selten Führungspositionen, da sie sich anderen gegenüber oft durchzusetzen wissen.

Mögliche Vertreter: Bruce Willis wird zu ihren Vertretern gezählt.

Eigenschaften: rational, pragmatisch, kommunikativ, aufgeschlossen, vorausplanend, subjektiv, sachlich, kontaktfreudig, vernünftig, organisiert, realistisch und verantwortungsbewusst

Passender Ausbildungsberuf: Verkäufer/in, IT Systemelektroniker/in, Einzelhandelskaufmann/-frau, Steuerfachangestellte/r, Rechtsanwaltsfachangestellte/r

Passender Studiengang: Betriebswirt/in, Personalberater/in, Volkswirt/in, Wirtschaftswissenschaftler/in, Wirtschaftsingenieur/in

ISFJ Beschützer

Beschützer oder Fürsorger (ISFJ) sind ruhig, freundlich, aufmerksam, zurückhaltend und hilfsbereit. Sie sind vom Temperament Bürger. Sie sind diszipliniert, verlässlich, haben eine hohe Arbeitsethik und erledigen Aufgaben fristgerecht. Fürsorger sind warmherzig, taktvoll und liebenswürdig, aber eher zurückhaltend und unaufdringlich. Ihr primäres Interesse gilt der Sicherheit und Geborgenheit all jener, die ihnen am Herzen liegen – Familie, Freunde, Schüler und Studenten, Patienten, Chef, Mitarbeiter und Arbeitnehmer.

Fürsorger haben einen außergewöhnlichen Sinn für Loyalität und Verantwortung und fühlen sich glücklich, wenn sie andere gegen Gefahren, Not und Betrug abschirmen und Unterdrückten und Behinderten beistehen können. Fürsorger halten nichts von Spekulationen und Experimenten; sie begnügen sich lieber mit anerkannten und bewährten Produkten und Verfahren. Sie sind selten glücklich, wenn sich die Regeln ständig ändern oder seit langem bestehende Methoden und Arbeitsweisen nicht respektiert werden.

Beschützer ISFJs sind mit zirka zehn Prozent der Bevölkerung sehr zahlreich vertreten. Es gibt mehr weibliche als männliche ISFJs.

Beste Partner: Inspektor, Gastgeber.

Mögliche Berufsgruppen: ISFJs folgen oft dem Motto: „Man lebt, um zu arbeiten.“ Freizeit ist für sie ein Gut, dass man sich zuerst verdienen muss. Wurde ihnen eine Aufgabe übertragen, kann man sich sicher sein, dass diese auch erledigt wird. Genau wie allen anderen Realisten werden Regeln und Vorschriften bei der Arbeit sehr geschätzt. Arbeiten ohne festgelegte Prozesse ist nicht ihre Art.

Ihre fürsorgliche und gutmütige Ader führt sich oft zu Tätigkeiten wie Alten- und Krankenpflege, Pädagogik oder Medizin. Auch Verwaltungsaufgaben übernehmen sie mit großem Verantwortungsbewusstsein. Zu viel Abhängigkeit von anderen bei der Arbeit ist für das introvertierte Wesen der gutmütigen Realisten nicht optimal. In sich geschlossene Tätigkeitsgebiete bevorzugen die ISFJ deshalb umso mehr. Für sie ist es wichtig, den anderen etwas Gutes tun zu können. ISFJ lieben praktische und geplante Tätigkeiten, nicht selten gehören Schichtpläne oder Arbeitsanweisungen zum täglichen Arbeitsumfeld.

Mögliche Vertreter: Claudia Schiffer wird zu ihren Vertretern gezählt.

Eigenschaften: pragmatisch, reserviert, vorausplanend, human, persönlich, subjektiv, sachlich, organisiert, zurückhaltend, ruhig, einfühlsam und verantwortungsbewusst

Passender Ausbildungsberuf: Altenpfleger/in, Steuerfachangestellte/r, Hotelfachfrau/-mann, Medizinische/r Fachangestellte/r, Chemielaborant/in

Passender Studiengang: Erziehungswissenschaftler/in, Tierarzt/Tierärztin, Soziologe/in, Sozialpädagoge/in, Realschul-Lehrer/in

INFP Träumer

Träumer (INFP) sind ruhig und gelassen und können zurückgezogen, ja sogar distanziert wirken. Aber innerlich sind sie alles andere als emotionslos. Sie sind vom Temperament Idealisten. Sie sind außergewöhnlich fürsorglich und kümmern sich intensiv um das Wohlergehen und die innere Entwicklung ihrer Lieben und einiger weniger ausgewählter Menschen oder um ein bevorzugtes Anliegen, das sie der Welt gegenüber vertreten.

Es ist ihre große Leidenschaft, Konflikte zu heilen, die einzelne Menschen beunruhigen oder Gruppen spalten. Ihr großer Idealismus entspringt einem starken persönlichen Gefühl für Recht und Unrecht. Sie stellen sich die Welt als einen ethischen, ehrenhaften Platz vor, voll von wunderbaren Möglichkeiten und potenziellem Reichtum. Um Träumer wirklich zu verstehen, muss man begreifen, dass ihr tiefes Engagement für das Positive und Gute beinahe grenzenlos und selbstlos ist und sie inspiriert, außergewöhnliche Opfer für jemanden oder etwas, woran sie glauben, auf sich zu nehmen.

Man könnte diesen Typen auch „Idealist“ nennen, da er der am stärksten idealistische der Gruppe der Idealisten ist. Sie sind mit zirka vier Prozent der Bevölkerung relativ selten vertreten.

Beste Partner: Berater und Komiker.

Mögliche Berufsgruppen: INFPs sind ziemlich anpassungsfähig. Auch allem Neuen sind sie sehr aufgeschlossen, ganz im Gegensatz zu den Realisten. Somit sollten die verträumten Idealisten im Forschungsbereich und im Entwicklungsbereich der Unternehmen eingesetzt werden. Sie haben zu den meisten im Unternehmen eine gute Beziehung, da sie sich vor allem den Gefühlen und Wünschen der anderen bewusst sind. Sie können aber auch primär allein arbeiten, somit sind sie bei der Arbeit nicht unbedingt auf den Austausch mit anderen angewiesen.

Lehraufgaben, Psychologie, Architektur oder Sprachwissenschaften lieben ihnen besonders. Kaufmännische Tätigkeiten sind ihnen dagegen häufig nicht sinnstiftend genug. Ihre Arbeit sollte zu einem gewissen Grad strukturiert sein, damit nicht mehrere Tätigkeiten auf einmal und ohne Ordnung abgearbeitet werden müssen.

Mögliche Vertreter: Prinzessin Diana wird zu ihren Vertretern gezählt.

Eigenschaften: reserviert, human, persönlich, spekulativ, spontan, lebhaft, zurückhaltend, ruhig, einfühlsam, leidenschaftlich, intuitiv und kreativ

Passender Ausbildungsberuf: Elektroniker/in für Energie- und Gebäudetechnik, Gärtner/in, Fachinformatiker/in Systemintegration, Fachinformatiker/in Anwendungsentwicklung, Mediengestalter/in Digital und Print

Passender Studiengang: Bibliothekar/in, Pharmazeut/in, Mediendesigner/in, Psychologe/in, Kulturwissenschaftler/in

ENFP Komiker

Komiker (ENFP) sind lebhaft und begeistert und betrachten intensive emotionale Erlebnisse als unerlässlich für ein erfülltes Leben. Sie sind vom Temperament Idealisten. Sie sehen das Leben als aufregendes Drama, voller Möglichkeiten für Gutes und Böses, und sie möchten all die bedeutungsvollen Ereignisse und faszinierenden Menschen in der Welt erleben und erfahren. Sie haben eine große Leidenschaft für Neues und Seltsames.

Komiker sind außerordentlich kontaktfreudig und können es oft nicht erwarten, anderen von ihren außerordentlichen Erlebnissen und Erfahrungen zu erzählen. Sie können unermüdlich mit anderen reden, wie plätschernde und sprudelnde Quellen. Sie erzählen nicht einfach Geschichten, sondern reden und schreiben oft in der Hoffnung, eine Wahrheit über menschliche Erlebnisse und Erfahrungen zu enthüllen oder andere mit ihren kraftvollen Überzeugungen zu motivieren.

Sie sind mit zirka sechs Prozent der Bevölkerung durchschnittlich stark vertreten.

Beste Partner: Träumer und Lehrer.

Mögliche Berufsgruppen: In kreativer Tätigkeit blühen ENFP Komiker auf. In Projekten werden sie lieber an der Ideenfindung beteiligt als an der Durchführung. Sie eignen sich bestens als Initiatoren von Besprechungen und Konferenzen. Sie pflegen gerne umfangreiche persönliche Kontakte, im Beruf und Privatleben. Spontane Idealisten könnte man diesen Typus nennen. Sie sind enthusiastisch, lebhaft und einfallsreich. Immer wenn sie mit Problemstellungen andere Personen betreffend konfrontiert werden, spielen sie ihre Stärken aus. Sobald in ihre Arbeit zu viel Routine einkehrt, wenden sie sich anderen Dingen zu. Was Kommunikation mit anderen angeht, sind ENFPs sehr begabte Redner. Mit Hierarchien wie in der Verwaltung oder bei Konzernen kommen sich nicht gut klar. ENFPs sind sehr gute Verkäufer, Werbefachleute, Politiker, Film- und Bühnendarsteller.

Mögliche Vertreter: Anke Engelke wird zu ihren Vertretern gezählt.

Eigenschaften: kommunikativ, aufgeschlossen, human, persönlich, spekulativ, spontan, kontaktfreudig, lebhaft, einfühlsam, leidenschaftlich, intuitiv und kreativ

Passender Ausbildungsberuf: Verkäufer/in, Anlagenmechaniker/in für Sanitär-, Heizungs- und Klimatechnik, Journalist/in, Hotelfachfrau/-mann, Kaufmann/-frau für Dialogmarketing

Passender Studiengang: Germanist/in, Anglist/in, Mediendesigner/in, Psychologe/in, Kulturwissenschaftler/in

INFJ Berater

Berater (INFJ) sind freundlich und positiv im Umgang mit anderen. Sie sind gute Zuhörer und scheinen ein natürliches Interesse zu haben, Menschen bei ihren persönlichen Problemen zu helfen. Sie sind vom Temperament Idealisten. Berater treten nicht gern als Führer auf, sondern ziehen es vor, intensiv von Person zu Person mit Menschen, mit denen sie engen Kontakt haben, zu arbeiten, wobei sie ihren Einfluss hinter der Szene ausüben.

Berater haben einen ungewöhnlich starken Wunsch, zum Gedeihen anderer beizutragen und finden große persönliche Erfüllung, wenn sie mit Menschen zu tun haben, ihre persönliche Entwicklung fördern und sie anleiten, ihr persönliches Potenzial zu verwirklichen. Berater kommen selten vor und können schwer zu erkennen sein, denn sie pflegen ihre innersten Gedanken und ihre starken emotionalen Reaktionen nur Menschen mitzuteilen, die sie lieben. Sie sind sehr zurückgezogene Menschen mit einem ungewöhnlich reichen und komplexen Innenleben.

Sie haben das beste Einfühlungsvermögen von allen.

Man könnte diesen Typen auch Psychologe oder Philosoph nennen, da INFJs viel über das Leben sinnieren und andere gerne auf ihrem Lebensweg unterstützend beraten.

INFJs gehören mit zirka zwei bis drei Prozent der Bevölkerung zu den zwei seltensten Typen. Da sie sich sehr stark um das Wohlbefinden anderer sorgen, ist das natürlich sehr bedauerlich.

Beste Partner: Lehrer, Träumer

Mögliche Berufsgruppen: Bereits in der Schule zeigt sich die Strebsamkeit und die Kreativität der INFJs. Sie verfolgen sehr ernst ihre Ziele, besonders an akademischen Tätigkeiten haben sie ihre Freude. Sie arbeiten oft als Fachkräfte, als heimliche Genies im Hintergrund, nicht selten als Ärzte, Psychologen, Schriftsteller oder Redakteure. Kommunikationstechnisch sind die harmoniebedürftigen Idealisten optimale Zuhörer, die ein sehr vielschichtiges Innenleben haben. Harmonie ist ihnen sehr wichtig, sie sind sehr feinfühlig, was dazu führt, dass sie sich in einer größeren Organisation ziemlich schnell zurechtfinden. Eine Arbeit in der Kommunikationsabteilung oder der Öffentlichkeitsarbeit liegt ihnen besonders gut, da sie sich sehr gut ausdrücken können. Zu viel Kritik vertragen INFJ-Typen nicht gut, denn sie nehmen diese fast immer persönlich wahr.

Mögliche Vertreter: Günther Jauch wird zu ihren Vertretern gezählt.

Eigenschaften: reserviert, vorausplanend, human, persönlich, spekulativ, organisiert, zurückhaltend, ruhig, einfühlsam, verantwortungsbewusst, intuitiv und kreativ

Passender Ausbildungsberuf: Steuerfachangestellte/r, Journalist/in, Hotelfachfrau/-mann, Fachinformatiker/in Systemintegration, Mediengestalter/in Digital und Print

Passender Studiengang: Journalist/in, Bibliothekar/in, Pharmazeut/in, Wirtschaftsjurist/in, Jurist/in, Germanist/in

ENFJ Lehrer

Für Lehrer Typen (ENFJ) haben Menschen die höchste Priorität, sie drücken instinktiv persönliche Anteilnahme aus und sind bereit, sich auf andere einzulassen. Sie sind vom Temperament Idealisten. Lehrer sind warmherzig, kontaktfreudig und drücken sich sprachlich außerordentlich gut aus, besonders im persönlichen Gespräch von Angesicht zu Angesicht.

Sprühend vor Enthusiasmus teilen Lehrer ihre Gefühle mit dramatischer Ausdruckskraft mit. Mit Training und Erfahrung können sie charismatische öffentliche Redner werden. Diesen verbalen Fähigkeiten verdanken Lehrer einen beträchtlichen Einfluss in Gruppen und sie werden oft gebeten, eine führende Rolle zu übernehmen.

Lehrer haben ein natürliches Talent, Studenten oder Praktikanten zum Lernen zu motivieren und die Potenziale aller Lernenden zu wecken. Sie können faszinierende Lernaktivitäten für ihre Studenten ersinnen, um ihr Interesse zu wecken. Ihre vielleicht größte Stärke liegt in ihrem Glauben an ihre Studenten. Lehrer suchen in ihren Studenten das Beste herauszufinden und vermitteln die klare Einsicht, dass jeder von ihnen ein unermessliches Potenzial besitzt. Dieses Vertrauen kann ihre Studenten inspirieren, mehr zu wachsen und sich zu entwickeln, als sie je für möglich gehalten haben.

Man könnte diesen Typ auch „Schauspieler“ nennen.

Lehrer ENFJ sind mit zirka fünf Prozent der Bevölkerung relativ selten anzutreffen.

Beste Partner: Komiker und Berater

Mögliche Berufsgruppen: ENFJs sind die geborenen Leiter. Sie haben ein so starkes Charisma, dass sie es schaffen, sehr viele Menschen auf ihre Seite zu bringen. Sie erwarten das auch, denn Gehorsamkeit ist für sie selbstverständlich. Kommunikation und Zusammenarbeit sind für sie die Schlüssel zum Erfolg. Alle Berufe, bei denen Kommunikation und Führung im Vordergrund steht, sind für ihr Temperament sehr gut geeignet. Beispielsweise als Juristen, im Lehramt, Film oder in der Politik sind ENFJs sehr gut aufgehoben. ENFJs sind engagierte Idealisten, die gerne die positiven Seiten in den anderen sehen. Da dieser Typus sehr engagiert und aufopfernd ist, kann das schnell zur Überforderung führen. Deshalb sollten ENFJ-Typen immer für einen Ausgleich und Entspannung im privaten Umfeld sorgen.

Mögliche Vertreter: Thomas Gottschalk, Hamlet und Barack Obama werden zu ihren Vertretern gezählt.

Eigenschaften: kommunikativ, aufgeschlossen, vorausplanend, human, persönlich, spekulativ, kontaktfreudig, organisiert, einfühlsam, verantwortungsbewusst, intuitiv und kreativ

Passender Ausbildungsberuf: Verkäufer/in, Hotelfachfrau/-mann, Journalist/in, Industriekaufmann/-frau, Kaufmann/-frau im Groß- und Außenhandel

Passender Studiengang: Journalist/in, Germanist/in, Anglist/in, Wirtschaftsjurist/in, Jurist/in

INTP Denker

Denker (INTP) sind die Meisterplaner aller Arten von theoretischen Systemen einschließlich von Lehrplänen, Unternehmensstrategien und neuen Technologien (also nicht nur von Gebäuden, Straßen oder Brücken). Für Denker vom Temperament Rationalist existiert die Welt vor allem, um analysiert, verstanden, erklärt – und neu geplant und gestaltet zu werden. Die äußere Wirklichkeit an sich oder das zu verarbeitende Rohmaterial sind nicht so wichtig. Den Denkern ist nur wichtig, dass sie die fundamentalen Prinzipien und Naturgesetze erfassen und dass ihre Pläne und Entwürfe elegant, das heißt effizient und zusammenhängend sind.

Denker sind äußerst präzise im Denken und Reden. Sie pflegen Besonderheiten und Widersprüche sofort zu sehen. In jeder ernsthaften Diskussion oder Debatte sind Denker umwerfend, denn ihr Geschick, Argumente zu formulieren, verschafft ihnen einen enormen Vorteil. Denker betrachten jede Diskussion als eine Suche nach Verstehen und glauben, dass es ihre Aufgabe ist, Ungereimtheiten auszuräumen; das kann die Kommunikation mit ihnen für viele zu einem unangenehmen Erlebnis machen.

Denker sind kompromisslose Pragmatiker und bestrebt, die wirksamsten Mittel für ihre Zwecke und Ziele zu finden. Sie wollen immerfort lernen. Sie werden auch auf Amateure hören, wenn ihre Ideen nützlich sind, und werden Experten ignorieren, wenn ihre Ideen nicht nützlich sind. Denker sind nur an dem interessiert, was Sinn macht. Autorität, die auf Ämtern, Urkunden oder Berühmtheit beruht, beeindruckt sie nicht. Man könnte diesen Typen aufgrund seiner natürlichen Skepsis und Gespürs für Logikfehler auch „Kritiker" nennen.

Sie sind mit zirka fünf Prozent der Bevölkerung relativ selten vertreten.

Beste Partner: Wissenschaftler, Erfinder

Mögliche Berufsgruppen: INTPs versuchen stets die Welt besser zu verstehen. Sie sind was ihre Gedanken und Ausdrucksweise angeht, sehr präzise. Logik ist genau ihre Stärke, weshalb sie sich als Mathematiker, Architekten, Wissenschaftler und Informatiker so richtig austoben können. Immer dann, wenn Ideen in einen Rahmen gebracht werden müssen, sind sie an der richtigen Stelle. Sie erschaffen Modelle, in denen Ideen in die Tat umgesetzt werden können. Die Umsetzung selbst überlassen sie allerdings lieber den anderen. Denn das ist nicht ihre Stärke. Der INTP ist ein analytischer Denker, der möglichst zurückgezogen an seinen Modellen arbeitet. Somit ist er im Vertrieb oder im Management nicht gut aufgehoben. INTPs interessieren sich wenig für alltägliche Dinge, sondern vielmehr für abstrakte Modelle und Systeme. Technische Ausbildungsberufe liegen ihm deshalb besonders gut, möglichst solche, die ihre kreative und schöpferische Ader zur Geltung bringen.

Mögliche Vertreter: Marc Zuckerberg wird zu ihren Vertretern gezählt.

Eigenschaften: rational, reserviert, spekulativ, spontan, lebhaft, vernünftig, zurückhaltend, ruhig, realistisch, leidenschaftlich, intuitiv und kreativ

Passender Ausbildungsberuf: Elektroniker/in für Energie- und Gebäudetechnik, IT Systemelektroniker/in, Anlagenmechaniker/in, Konstruktionsmechaniker/in, Fachinformatiker/in Systemintegration

Passender Studiengang: Maschinenbauingenieur/in, Informatiker/in, Grafikdesigner/in, Modedesigner/in, Innenarchitekt/in

ENTP Erfinder

Mit ihrem innovativen, unternehmerischen Geist halten Erfinder-Typen (ENTP) ständig Ausschau nach einem besseren Weg und fassen neue Projekte, neue Unternehmungen und neue Prozesse prüfend ins Auge. Sie wollen immer „eine noch bessere Mausefalle bauen". Erfinder vom Temperament Rationalist beginnen schon in der Kindheit, Vorrichtungen und Mechanismen zu bauen und hören nie wirklich damit auf, wenden aber als Erwachsene ihre Erfindungsgabe auch sozialen oder technischen Organisationen zu.

Erfinder sind immens neugierig und forschen fortlaufend nach Möglichkeiten, besonders wenn sie ein komplexes Problem zu lösen versuchen. Sie lehnen es ab, etwas auf eine bestimmte Weise zu tun, nur weil es immer so gemacht worden ist. Darum bringen sie oft frische und neue Methoden in ihre Arbeit und ihr Spiel.

Erfinder sind voller Ideen, schätzen aber Ideen nur, wenn sie einen besonderen Nutzen stiften. Sie sind höchst pragmatisch und betrachten Produktdesign nicht als Selbstzweck, sondern als Mittel zu einem Zweck, als eine Möglichkeit, den Prototyp zu entwerfen, der funktioniert und auf den Markt gebracht werden kann. Sie entwickeln eine Meisterschaft im Entwurf und in der Ausarbeitung der wirkungsvollsten Mittel, um ihre Ziele zu erreichen.

Pragmatisch bedeutet, dass sie immer versuchen, ein bestehendes Problem zu lösen, und zwar auf eine neuartige Art und Weise. Man könnte diesen Typen auch „Visionär" nennen, da er so viele kreative und innovative Einfälle hat.

ENTP Erfinder machen nur zirka fünf Prozent der Bevölkerung aus. Es gibt mehr männliche als weibliche Vertreter dieses Typs.

Bester Partner: Denker, Kommandeur, Organisator

Mögliche Berufsgruppen: ENTPs sind sehr vielseitig einsetzbar und können in ihrem Beruf immer dann glänzen, wenn nicht allzu viel Routine aufkommt. Immer gleich ablaufende Tätigkeiten zehren an ihrer Geduld, sodass sie ihre Aufmerksamkeit schon bald anderen Dingen widmen. Im Beruf versuchen sie stets unter Befolgung von Regeln und Gesetzen das bestehende System zu überlisten beziehungsweise zum Besseren zu verändern. Sie gestalten nach Möglichkeit selbst ihre eigene Realität, weshalb sich Berufe aus der Informationstechnologie für sie besonders gut eignen.

ENTPs sind innovative Denker, die durch neue Aufgaben und Projekte ständig versuchen, ihre Kompetenz zu erweitern. Multitasking ist für den ENTP kein Problem, sondern eine willkommene Herausforderung. ENTPs gelten als die „Seele des Unternehmens", sie können als Angestellte genauso gut agieren wie als selbstständige Geschäftsführer.

Allgemein liegt dem ENTP eine selbstständige Tätigkeit besonders stark, da Risiken ihn eher selten abschrecken. Weiterhin spricht für eine Führungsposition, dass ENTPs bei ihrer Arbeit zur Entfaltung die größtmögliche Freiheit brauchen, was das Aufgabengebiet, aber auch die Methoden betrifft. ENTPs geben gerne Aufgaben komplett an andere ab, ohne ihnen zu sagen wie diese zu erledigen ist. Aber sie erwarten dennoch exzellente Ergebnisse, Kompetenz bei ihren Mitarbeitern ist ihnen sehr wichtig.

ENTPs haben ein relativ starkes Kommunikationsbedürfnis, deshalb sollten sie immer darauf achten, dass bei der Arbeit die Kommunikation und Kooperation mit anderen nicht untergeht.

Mögliche Vertreter: Albert Einstein wird zu ihren Vertretern gezählt.

Eigenschaften: rational, kommunikativ, aufgeschlossen, spekulativ, spontan, kontaktfreudig, lebhaft, vernünftig, realistisch, leidenschaftlich, intuitiv und kreativ

Passender Ausbildungsberuf: IT Systemelektroniker/in, Elektroniker/in für Energie- und Gebäudetechnik, Anlagenmechaniker/in für Sanitär-, Heizungs- und Klimatechnik, Pilot/in, Verkehrsflugzeugführer/in, Industriekaufmann/frau

Passender Studiengang: Maschinenbauingenieur/in, Grafikdesigner/in, Modedesigner/in, Innenarchitekt/in, Bioinformatiker/in

INTJ Wissenschaftler

Wissenschaftler Typen (INTJ) sind innovative und kreative Problemlöser, denen es vor allem um die Planung von Ideen und Möglichkeiten geht. Sie entwickeln komplexe Verfahren mit vielen Stadien und Einzelschritten, die in konsequenter Folge aufeinander aufgebaut sind. Sie bereiten Alternativen vor für Schwierigkeiten, die bei jedem Schritt und in jedem Stadium auftreten können. Sie versuchen, jede Möglichkeit vorwegzunehmen und sind nicht von vornherein auf einen Plan fixiert, sondern bereit, den ersten Plan fallen zu lassen und auf Plan B, C oder D umzuschalten, wenn es notwendig ist. Wissenschaftler gehören zum Temperament Rationalist.

In ihrer Berufslaufbahn steigen Wissenschaftler in der Regel zu verantwortungsvollen Positionen auf, denn sie arbeiten lang und hart und sind engagiert in der Verfolgung von Zielen. Trotz ihrer Führungsfähigkeiten haben sie keinerlei Ambitionen, das Kommando zu übernehmen. Sie bleiben lieber im Hintergrund, solange andere sich nicht als unfähig erweisen, ihre Führungsaufgaben zu erfüllen. Wenn sie jedoch einmal die Verantwortung übernommen haben, sind sie energische Pragmatiker.

Wegen ihrer Selbstsicherheit und Unabhängigkeit wirken sie manchmal extrovertiert, obwohl sie es nicht sind.

Aufgrund ihres strikt logischen Verhaltens könnte man diesen Typ auch „Logiker“ oder „Mastermind“ nennen.

Wissenschaftler INTJ machen nur zirka zwei bis drei Prozent der Bevölkerung aus und gehören damit zu den zwei seltensten Typen.

Beste Partner: Denker und Kommandeur.

Mögliche Berufsgruppen: INTJ sind geborene Wissenschaftler. Sie sind für neue Ideen immer offen und haben ein starkes Selbstvertrauen. Diese beiden Eigenschaften kommen ihnen in der Forschung und Entwicklung sehr entgegen. Harmonie bei der Arbeit ist ihnen nicht so wichtig wie den anderen. Um ihre Ziele zu erreichen, setzen sie sich deshalb gerne mal über die anderen hinweg. Das führt dazu, dass sich nicht selten in höheren Positionen anzutreffen sind. Sie zeigen bei der Arbeit Ausdauer, wenn es darum gehen, ihre Ziele durchzusetzen. Ihnen ist dafür sogar manchmal jedes Mittel recht.

INTJs findet man häufig in den Ingenieurberufen, in Naturwissenschaften, in der Planung und Entwicklung. Genauso ist der IT-Bereich eine passende Spielwiese für sie. INTJs sind unabhängige Denker, die trotz vieler Konflikte ihre Ideen hartnäckig weiterverfolgen.

Mögliche Vertreter: Gary Kasparov wird zu ihren Vertretern gezählt.

Eigenschaften: rational, reserviert, vorausplanend, spekulativ, vernünftig, organisiert, zurückhaltend, ruhig, realistisch, verantwortungsbewusst, intuitiv und kreativ

Passender Ausbildungsberuf: Elektroniker/in für Energie- und Gebäudetechnik, IT Systemelektroniker/in, Steuerfachangestellte/r, Fachinformatiker/in Systemintegration, Verwaltungsfachangestellte/r

Passender Studiengang: Wirtschaftsingenieur/in, Maschinenbauingenieur/in, Informatiker/in, Volkswirt/in, Bioinformatiker/in

ENTJ Kommandeur

Kommandeur Typen (ENTJ) haben einen starken natürlichen Drang, Struktur und Führung zu schaffen, wo immer sie sind – und die Menschen im „Feld“ (Spielfeld, Kampffeld, Arbeitsbereich) einzuspannen und zur Erreichung von Fernzielen in die Regie zu nehmen. Sie haben die Tendenz, Pläne für Aufgaben, Unternehmen oder Organisationen zu erstellen, streben aber mehr nach Taktik und Zielen statt nach Regulierungen und Verfahren. Kommandeure sind vom Temperament Rationalisten.

In Verbindung mit dieser Planungstätigkeit ist auch die vorsorgliche Organisation von Möglichkeiten und die Erstellung von Notfallplänen notwendig. Die technische Bau- und Ablaufplanung ist bei Kommandeuren nicht so gut entwickelt und wird schnell überflügelt von ihren zunehmenden organisatorischen Fähigkeiten. Darum tendieren sie dazu, eine führende Rolle in ihrem gesellschaftlichen Umfeld zu übernehmen. Sie sind unermüdlich in der Hingabe an ihre Berufsaufgaben und können leicht andere Lebensbereiche ausklammern.

Wenn sie die Leitung einer Organisation innehaben – in Militär, Wirtschaft, Erziehung oder Regierung – haben Kommandeure mehr als jeder andere Typus den Wunsch und auch die Fähigkeit, sich lebhaft vorzustellen, wohin sich die Organisation entwickeln wird, und sie können diese Vision auch anderen vermitteln. Ihre Fähigkeit zu organisieren kann jedoch wesentlich höher entwickelt sein als ihre Fähigkeit zu analysieren. Darum werden Kommandeur-Führungskräfte die Mithilfe eines ENTP oder INTP brauchen, um diese Kapazitäten zu nutzen.

Man könnte diesen Typen auch „Unternehmer“ nennen.

ENTJ Kommandeure sind mit zirka drei Prozent der Bevölkerung selten vertreten.

Beste Partner: Direktor und Erfinder.

Mögliche Berufsgruppen: ENTJs sind ehrgeizige Denker, die von Natur aus Führungspositionen bekleiden. Sie gehen ihren Zielen kompetent, entschlossen und sehr selbstsicher nach. Genauso wie der Wissenschaftler ist der ENTJ recht wenig an den Gefühlen anderer interessiert. Berechtigte Kritik wird geraderaus geäußert. Mangelnde

Leistungsfähigkeit ist den ENTJs besonders zuwider und bei wiederholt auftretendem Versagen zögern sie nicht mit der Zurechtweisung. Sie können ihr Vorhaben und die Ziele den Mitarbeitern sehr klar äußern und sie erwarten von den anderen ein hohes Maß an Leistungsbereitschaft. Wenn ENTJs tatsächlich eine Führungsposition im Unternehmen übernehmen, so können sie wie kein anderer die tatsächliche Lage des Unternehmens einschätzen und vorhersehen, wohin sich das Unternehmen in Zukunft bewegen kann.

Sie sind die geborenen Organisatoren, Unternehmer und Führungspersönlichkeiten.

Mögliche Vertreter: Hillary Clinton wird zu ihren Vertretern gezählt.

Eigenschaften: rational, kommunikativ, aufgeschlossen, vorausplanend, spekulativ, kontaktfreudig, vernünftig, organisiert, realistisch, verantwortungsbewusst, intuitiv und kreativ.

Passender Ausbildungsberuf: Informatikkaufmann/-frau, IT Systemkaufmann/-frau, Industriekaufmann/-frau, Groß- und Außenhandelskaufmann/-frau

Passender Studiengang: Wirtschaftsingenieur/in, Betriebswirt/in, Maschinenbauingenieur/in, Bioinformatiker/in, Physiker/in

Printed in Poland
by Amazon Fulfillment
Poland Sp. z o.o., Wrocław

75988957R00074